WERKSTATT RU

Unterrichtsentwürfe für die Sekundarstufe I

Herausgegeben von
Peter Kliemann
und Helmut Kurz

RU

CALWER

Dieses Materialheft folgt der reformierten Rechtschreibung. Ausnahmen bilden Texte, bei denen künstlerische, philologische und lizenzrechtliche Gründe einer Änderung entgegenstehen.

Bild- und Textnachweise sind an entsprechender Stelle vermerkt. Leider war es nicht möglich, alle Urheber zu ermitteln. Betroffene Inhaber / innen von urheberrechtlichen Ansprüchen bitten wir, sich beim Verlag zu melden.

Der Beitrag von *Markus Weiss, Suchen und Entdecken. Zeugnisse des christlichen Glaubens in unserer Heimat* ist zuerst erschienen in der Zeitschrift *notizblock.* Materialdienst für Religionslehrerinnen und Religionslehrer in der Diözese Rottenburg-Stuttgart 24/1998, S. 22-37. Der Abdruck erfolgt mit freundlicher Genehmigung des Bischöflichen Ordinariates der Diözese Rottenburg-Stuttgart, Hauptabteilung VII (Schulen), Rottenburg.

Die Deutsche Bibliothek - CIP-Einheitsaufnahme

Werkstatt RU : Unterrichtsentwürfe für die Sekundarstufe I /
hrsg. von Peter Kliemann und Helmut Kurz. - Stuttgart : Calwer Verl., 1999
ISBN 3-7668-3650-1

Umschlaggestaltung: ES Typo-Graphik, Stuttgart
Satz: Birgit Kiefer, 64720 Michelstadt
Druck und Verarbeitung: Gutmann + Co., 74388 Talheim

Inhalt

Vorwort der Herausgeber

Die vorliegenden Unterrichtsmodelle sind im Rahmen eines intensiven, zur Zeit noch zwei ganze Jahre umfassenden Ausbildungsprozesses am Staatlichen Seminar für Schulpädagogik (Gymnasien) in Tübingen entstanden.* In einer engen Verzahnung von fachdidaktischer Theoriebildung, schulischer Praxis und Lehrerfortbildung definieren sich die Studienseminare in Baden-Württemberg zunehmend als »Didaktische Zentren«, und in diesem Kontext verstehen wir unsere Arbeit als religionspädagogische Ausbilder – wenn sie gelingt – als eine um Innovation, aber auch um schulpädagogische Solidität bemühte Werkstatt für die Planung und Analyse von Religionsunterricht – oder wie der Titel dieser neuen Reihe lautet: als WERKSTATT RU.

Am Ende des ersten Ausbildungsjahres fertigen unsere Referendarinnen und Referendare zum Teil sehr umfangreiche und aufwendig gestaltete Prüfungsarbeiten an, in denen sie die Möglichkeiten und Schwierigkeiten einer von ihnen gewählten Unterrichtseinheit besonders gründlich ausloten und reflektieren. Diese Prüfungsarbeiten sind in unserer Seminarbibliothek einzusehen und gehören, wie unsere Bibliothekarinnen immer wieder berichten, zu denjenigen Publikationen, die sowohl von Berufsanfängern als auch von erfahrenen Kolleginnen und Kollegen am häufigsten angefragt werden. Offensichtlich findet man hier, was man andernorts trotz der Überfülle von religionspädagogischen Materialien in dieser Form so leicht nicht finden kann:

- aus einer konkreten Schulpraxis heraus entwickelte, erprobte Unterrichtsentwürfe;
- neue, noch wenig erschlossene Themen und methodisch originelle Ideen - beides aber ohne den »normalen« Unterrichtsalltag aus dem Blick zu verlieren;
- durchdachte Planungsskizzen und Strukturierungsvorschläge, die die Benutzerin und den Benutzer nicht mit einem bloßen Nebeneinander von Unterrichtsbausteinen und Unterrichtsideen allein lassen.

Im Folgenden veröffentlichen wir vier, gegenüber dem Original stark gekürzte und von Prüfungsballast befreite Unterrichtsentwürfe für den Religionsunterricht in der Unterstufe. Gemeinsam ist ihnen allen ein Bemühen um »Kreativität« und »Ganzheitlichkeit«, ein Ansatz, den man dem gymnasialen Unterricht aufgrund eines historisch zwar nachvollziehbaren, inzwischen aber sicherlich überholten Vorurteils gerne abspricht.

STEFAN MEISSNERS Unterrichtsvorschlag für die Klasse 5 widmet sich – ausgehend von der Pädagogik Maria Montessoris – mit einem handlungsorientierten Zugang dem Thema »Kreuzwege«. Kreuzwege in Kirchen, Kapellen und in religiös geprägter Landschaft sind Ausdruck christlicher Frömmigkeit; sie werden bis heute gegangen und gebetet. Unter Anleitung eines Künstlers gestaltet der Autor mit seiner Klasse sogenannte »Kastenbilder« zur Passion Jesu. Mit viel Phantasie, Geschick und Überlegung fertigen die Schülerinnen

* Kontaktadresse: Staatliches Seminar für Schulpädagogik (Gymnasien), Mathildenstraße 32, 72072 Tübingen.

und Schüler im Laufe dieser Unterrichtseinheit kleine Kunstwerke an, die dann zum Abschluss des Schuljahres in einem Gottesdienst vorgestellt werden.

Mit einer 6. Klasse entwickelt wurde der Unterrichtsvorschlag von MARKUS WEISS, der unter der Überschrift »Suchen und Entdecken« ein Kapitel »religiöser Heimatkunde« bietet. Am Beispiel der süddeutschen Kleinstadt Rottenburg am Neckar, die zugleich Bischofssitz ist, zeigt er, wie Spuren religiösen Lebens in Kirchen, Kapellen und Bildstöcken von den »Forscherinnen« und »Forschern« seiner Unterstufenklasse auf interessante Weise erschlossen werden können. Die Beschreibung eines Unterrichtsgangs in das Diözesanmuseum ist ein gelungener Beitrag zu einer praktisch orientierten Museumsdidaktik.

Im Kapitel »Wer hört mein Weinen?« geht es um die konkrete Umsetzung der von vielen Lehrplänen neu aufgegriffenen Psalmendidaktik Ingo Baldermanns, ebenfalls für die Klassenstufe 6. HEIKE BERTSCH-NÖDINGER, KATRIN HECKELER und JUTTA MAURER haben ihre Unterrichtsentwürfe ineinandergearbeitet und bieten konkrete Hilfen, die im Umkreis des Tübinger Seminars schon große Resonanz gefunden haben.

GABRIELA PAPENBERG erschließt für eine 7. Klasse anhand eines Jugendbuchs das anspruchsvolle und sensible Thema »Behindert?«. Methodisch werden unter anderem Anregungen zum Umgang mit der Metaplan-Technik als auch zahlreiche Impulse für einen symboldidaktisch ausgerichteten Unterricht gegeben.

Dr. Peter Kliemann
Fachleiter für Evangelische Religionslehre

Professor Helmut Kurz
Fachleiter für Katholische Religionslehre

Klasse 5

Tod und Auferstehung Jesu

Wir werden Künstler und bauen einen Kreuzweg

Erarbeitet von Stefan Meißner

»Die Lehrerin darf niemals vergessen, dass das angestrebte Ziel nicht das augenblickliche Ziel ist ..., sondern dass das eigentliche Ziel darin besteht, das geistige Wesen, das sie erzieht, fähig zu machen, seinen Weg ganz alleine zu finden.« *Maria Montessori*

I. Ausgangspunkt: Der religionspädagogische Ansatz Maria Montessoris

Der Religionsunterricht ist in der Diskussion. Wozu brauchen wir ihn noch? Was hat er zu einer zeitgemäßen Schulbildung beizusteuern? Die baden-württembergische Kultusministerin Dr. Annette Schavan spricht in diesem Zusammenhang von einem »geistigen Generationenvertrag«: Wir sind es unseren Kindern schuldig, Rechenschaft zu geben von den christlich-konfessionellen Denkmustern, die unser Zusammenleben in Europa in der Tiefe bestimmen. Und sie sieht es als diakonischen Dienst an, Kindern und Jugendlichen für religiöse Fragen nach Sinn und Hoffnung und Glauben von politischer Seite »öffentliche« Zeit und Artikulationsräume in der Schule bereitzustellen. Aufatmen.

Umgekehrt stellt sich aber die Frage, wie der Religionsunterricht im Bemühen um Ziele der Schule als Ganzer einen Beitrag leisten kann. Der Religionslehrer steht vor der Aufgabe, in welcher Form sein Fach etwas zur Schulkultur beisteuern kann. Auch der Fachlehrer für Religion sollte in seinem Unterrichtsvorhaben eine fächerverbindende bzw. fächerübergreifende Perspektive einschlagen. Wenn schulische Bildung heute zukunftsweisende Schlüsselqualifikationen wie Selbständigkeit, Verantwortungsbewusstsein, Teamfähigkeit und Methodenkompetenz vermitteln möchte, muss sich auch der Religionsunterricht fragen lassen, was er zur Erreichung dieser Ziele beizusteuern vermag. Das Anliegen einer ganzheitlichen Bildung mit Kopf, Herz und Hand ist zu bedenken.

Auf den folgenden Seiten möchte ich eine Unterrichtssequenz vorstellen, bei der ich versucht habe, in Planung und Umsetzung den oben genannten Kriterien Rechnung zu tragen. Sie entstammt dem Fachunterricht in einer 5. Klasse am Friedrich-List-Gymnasium in Reutlingen.

Wesentliche Impulse für meine Überlegungen verdanke ich dem Weingartener Pädagogen Heribert Tilmann, der mich mit den Fragen »Kennen Sie Kinder?« und »Haben Sie sich schon einmal überlegt, dass Sie nicht die wichtigste Person im Klassenzimmer sind?« zum Nachdenken brachte. Tiefere Anregungen fand ich zudem in reformpädagogischen Schriften, besonders bei Maria Montessori.

Die Grundgedanken von Maria Montessoris pädagogischem Konzept entstanden in einem Theorie-Praxis-Zirkel während ihrer Tätigkeit im Kinderhaus von San Lorenzo, einem Elendsviertel am Stadtrand von Rom: Als eine Erzieherin einmal zu spät zum Dienst kam, hatten sich die Kinder ihrer Gruppe schon Arbeitsmaterialien aus dem Schrank geholt und beschäftigten sich intensiv damit.[1] Montessori schloss daraus, dass die freie Wahl des Materials die konzentrierte Beschäftigung der Kinder und ihre Freude daran fördere. Die Schilderung legt nahe, dass in einer »vorbereiteten Umgebung« selbst Kinder durchaus in der Lage sind, ihr Leben und Lernen ein ganzes Stück weit selbst zu organisieren. Diese Emanzipation vom Erwachsenen voranzutreiben, wurde eines ihrer vorrangigen pädagogischen Ziele.

Das meisterwähnte Ereignis aus der Zeit in San Lorenzo ist wohl die Tätigkeit eines dreijährigen Kindes,»das hölzerne Zylinder von unterschiedlicher Größe in die passenden Öffnungen eines Holzblocks steckte, sie wieder herausnahm und dann wieder einsetzte. Das Kind war so in seine Arbeit versunken, dass es sich durch nichts stören ließ. Die anderen Kinder liefen herum und sangen laut; schließlich setzte Maria Montessori das Kind mitsamt seinem Stuhl auf einen Tisch ... als es seine Arbeit beendet hatte und sich glücklich umschaute, hatte es den Ablauf vierundvierzigmal wiederholt. Dieser Vorgang tiefster Konzentration war keineswegs einmalig. Montessori nannte ihn ›Polarisation der Aufmerksamkeit‹«[2] und setzte fortan alles daran, solche Schlüsselmaterialien für ihre ›vorbereitete Umgebung‹ zu finden, die »in der Lage sind, die Aufmerksamkeit zu fesseln, die Intelligenz durch ständige Übung ihrer Energien reifen zu lassen und jene Phänomene der Ausdauer in der Beschäftigung und der Geduld zu erzeugen, die dann wieder die Beweglichkeit, das psychische Gleichgewicht und dann die Fähigkeit zur Abstraktion und zur spontanen Schaffenskraft erhöhen«.[3]

Montessori war überzeugt, dass sich in dieser Versenkung die Verbindung von äußerem Tun und geistig-psychischem Persönlichkeitsaufbau ereignete. »Kinder, die immer wieder diesen Konzentrationsprozess erfahren, entdecken ihre eigene Stärke, nehmen sich als Subjekt der Arbeit wahr, werden zu einer starken Selbstdisziplin fähig, finden sich selbst.«[4]

Dass auch der begabteste Lehrer dem Kind den Entwicklungsfortschritt nicht abnehmen kann, auch was die Ausbildung des Intellekts anbelangt, entlässt Lehrerinnen und Lehrer aber nicht aus ihrer Verantwortung, sondern verpflichtet sie vielmehr durch die Gestaltung der ›vorbereiteten Umgebung‹ indirekt erziehend zu wirken, indem sie möglichst optimale Anregungen und Entwicklungsmöglichkeiten für jedes einzelne Kind schaffen. Es geht um die möglichst genaue Abstimmung der Lernprozesse auf die Bedürfnisse und Offenheiten der Kinder, denn wirkliche Reifung kann aus dieser Sicht nur gelingen, wenn die Kinder frei und selbstbestimmt lernen können. Montessori möchte den Lernimpuls im Unterrichtsgeschehen umkehren. »Lernen ist nicht etwas, was als Forderung an Kinder oder Jugendliche herangetragen werden muss, sondern wurzelt in einer aus dem Inneren hervortretenden spontanen Aktivität.«[5] Lernen bei Montessori ist nicht das Ereignis direkter Beeinflussung, sondern es kann nur indirekt stimuliert und gefördert werden. Der Lehrer muss also seine Autorität zurücknehmen, damit das Kind wachsen kann.

Maria Montessori hat ihren ›pädagogischen Versuch‹ mit Kindern bis zum zwölften Lebensjahr durchgeführt und auch nur für diese Altersgruppe eigene Materialien und didaktische Hilfen in den Bereichen Sprache, Mathematik und ›Kosmische Erziehung‹ vorgelegt. Zur Rolle des Sekundarlehrers meinte sie: »In dem Maße, in dem das Bildungsniveau der jungen Menschen steigt, besteht die bedeutender werdende Aufgabe des Lehrers oder Studienrates aber eher im Wecken des Interesses als in einem Unterricht, wie man ihn gewöhnlich versteht.«[6] Wenn die folgende Unterrichtssequenz also Elemente der Montessori-

[1] Das Erlebnis ist geschildert in: Maria Montessori, *Kinder sind anders* (1936), München 1987, S. 125f.

[2] Vgl. Horst Klaus Berg, *Montessori für Religionspädagogen* (Stuttgarter Taschenbücher; Bd. 20: Reihe ›Glauben erfahren mit Hand, Kopf und Herz‹) Stuttgart 1994, S. 13f.

[3] Maria Montessori, *Schule des Kindes*, hg. und eingeleitet von Paul Oswald und Günter Schulz-Benesch, Freiburg [3]1989, S. 84.

[4] Berg, S. 16.

[5] Hildegard Holtstiege, *Maria Montessori. Neue Pädagogik – Prinzip Freiheit – Freie Arbeit*, Freiburg 1987, S. 76.

[6] Maria Montessori, *Über die Bildung des Menschen*, Freiburg 1966, S. 57.

Pädagogik im Religionsunterricht der Sekundarstufe zu berücksichtigen versucht, bewegt sie sich in einem weithin unbesetzten Feld. Mehr als Leitlinien oder den Entwurf eines Modells einer Schule für Jugendliche hat Montessori nie vorgelegt. Sie erhebt aber auch keine weiteren Ansprüche, wenn sie schreibt: »Es ist nicht nötig, dass die Untersuchungsarbeit ganz vollendet wird. Es genügt die Idee zu verstehen und nach ihren Ansprüchen voranzuschreiten.«[7]

Für die ›Freiarbeit‹ im Sekundarschulbereich steht also noch ein großer Arbeitsbereich offen. Es geht darum, die Prinzipien der Montessori-Pädagogik zu erfassen und »auf dem Weg über Erfahrung, Beobachtung und Experiment die wissenschaftliche Forschungsarbeit Montessoris fortzusetzen«.[8] Diesen Weg zu beschreiten, das ist schon ein großer Schritt zum Ziel, denn er führt zur Klärung der Frage »Was vermag denn auf dieser Stufe jene Konzentrationsvorgänge, die auf Wahlfreiheit und freier Initiative fußen und die Montessori als ›Polarisation der Aufmerksamkeit‹ fasst, auszulösen?« Auf der Forderung, dass die Übereinstimmung zwischen Natur und Anregung auch bei größeren Kindern und Jugendlichen – wenn auch auf veränderte Weise zustande kommen muss, beharrt Montessori jedenfalls nachdrücklich.[9]

»Ob in Projekten, in Einzelarbeiten, in Epochen – wie auch immer: Ansatzpunkt der freien Arbeit muss die Entscheidung des Schülers für seine Arbeit bleiben ... Denn vorrangiges Ziel einer Montessoripädagogik in der Sekundarstufe bleibt die Persönlichkeitsbildung. In der selbstverantwortlichen und zunehmend anspruchsvolleren Auseinandersetzung mit der Sache muss ein junger Erwachsener heranreifen, der es gelernt hat, Schwerpunkte zu setzen, Wesentliches von Unwesentlichem zu unterscheiden, seine Arbeits- und Problemlösungsstrategien selbst zu entwickeln, kreativ, kooperativ und sozialdienlich zu arbeiten, dabei Verantwortung auf sich zu nehmen, nach diesem Wege einerseits berufs-, andererseits studierfähig und Mitgestalter und nicht Mitläufer unserer Demokratie zu werden.«[10]

Die Wege zur Verwirklichung der Freiheit in der Sekundarstufe können ganz verschieden sein. Es »gilt auch heute für alle Pläne, Entwicklungen und bewährten Praxismodelle in diesem Bereich zunächst und grundsätzlich die Unbesetztheit und Offenheit (und natürlich auch die Gleichberechtigung) bei der Bearbeitung der Aufgabe, nach Montessoris Grundideen die Fortsetzung in das Jugendlichenalter und damit den Anschluss an die Erfordernisse des Erwachsenenalters zu versuchen. Natürlich müssen diese Bemühungen gewärtig sein, an dem eigenen Anspruch solcher prinzipiellen Übereinstimmung mit Montessoris Pädagogik gemessen zu werden.«[11]

Aber: Wie gelingt eine vernünftige Unterrichtsorganisation, die die Freiheit des Kindes achtet und gleichzeitig die kognitive Lernzielvorgabe erfüllt? Es ist klar, in einem System curricularer Bildung mit Noten muss die Verwirklichung von Montessori-Pädagogik immer kompromisshaft bleiben: »Freiarbeit« und »gebundener Unterricht« stehen sich gegenüber und weisen sich gegenseitig in die Schranken. In Jahrgangsklassen gibt es nur ein eingeschränktes Lernen der Jüngeren von den Älteren. Unterrichtet nur ein Teil der Lehrer einer Klasse in solcher Orientierung, wachsen die Kompromisse.

Treffender sind deshalb wohl andere Fragen: Kann ein solcher Zugang, der sich der Montessori-Pädagogik verpflichtet sieht, mit den Prämissen des Bildungsplans und unter den Bedingungen des konfessionellen Religionsunterrichts an einem Gymnasium in einer Diasporasituation (45-Minute-Stunde, zusammengewürfelte Lerngruppe), überhaupt fruchten? Wie kann unter konkreten inhaltlichen Vorgaben die direkte Belehrung zurückgestellt

---

[7] Montessori, *Über die Bildung des Menschen*, S. 28.
[8] Hildegard Holtstiege, *Erzieher in der Montessori-Pädagogik*, Freiburg 1991, S. 127.
[9] Vgl. Montessori, *Schule des Kindes*, S. 157.
[10] Ulrich Steenberg, *Kinder kennen ihren Weg* (Ulmer Beiträge zur Montessori-Pädagogik, Bd. 1) Ulm 1993, S. 96.
[11] Günter Schulz-Benesch, *Montessori und Unterricht. Erwähnungen und Erwägungen über Freiarbeit im Sinne Maria Montessoris*, in: Montessori und die Defizite der Regelschule, hg. von Herbert Haberl, Wien 1993, S. 45–64, hier: S. 55.

und das Lernen der Schülerinnen und Schüler selbständig suchend gestaltet werden? Wie kann sich die Lehrerrolle vom omnipotenten Belehrer in Richtung des Animateurs für die eigene Arbeitsinitiative verschieben, ohne die Bildungsinhalte zu gefährden?

Angeregt durch Montessoris Forderung nach Selbstbestimmung des Kindes bei der Arbeit, was

- Freiheit der Bewegung in der vorbereiteten Umgebung
- Freiheit des Interesses und der Wahl der Gegenstände
- Freiheit der Zeit, d.h. der Dauer von Konzentrationsvorgängen
- Freiheit der Kooperation
- Freiheit des Bildungsniveaus[12]

angeht, entschloss ich mich, das Thema »Tod und Auferstehung Jesu« in einer ›zusammengewürfelten‹ Lerngruppe der Klasse 5 einmal so anzugehen, dass Selbstbestimmung und Gestaltungswille der Schülerinnen und Schüler dabei besondere Beachtung finden sollten. Wie weit würden sich die Prinzipien der »Selbsttätigkeit« und des »ganzheitlichen Lernens« in dieser Unterrichtseinheit ausbauen lassen? Inwiefern würde es gelingen, die direkte inhaltliche Belehrung zurückzustellen? Und wie könnte ich dann eine Leistungskontrolle unterbringen, ohne dass sie von vornherein alle Freiheiten des Kindes ad absurdum führte?

Unter weitgehender Beachtung des pädagogischen Gedankenguts Maria Montessoris erschien mir im Bereich des Rahmenthemas »Wir werden Künstler und bauen einen Kreuzweg« folgender projektartige Zugang eine geeignete Umsetzung des Lehrplanthemas »Karfreitag und Ostern – Tod und Auferstehung Jesu« zu sein:

II. Gesamtübersicht zur Unterrichtssequenz »Wir werden Künstler und bauen einen Kreuzweg«

1. Animation zum Rahmenthema

1. Std.: Was macht eigentlich ein Künstler?
2. Std.: Was ist ein Kreuzweg?

2. Information und Arbeitsteilung zum Kreuzwegbau

3./4. Std.: Was ist vom Palmsonntag bis zum Osterfest in Jerusalem passiert?
4. Std.: Festlegen der Kreuzwegstationen, die gebaut werden.

3. Kreuzwegbau

5. Std.: Kastenbau
7. Std.: Motive auf Sperrholz übertragen
9. Std.: Aussägen der Bauteile
11. Std.: Zusammenbau der Station

4. Inhaltliche Vertiefung

6. Std.: Künstlerische Gestaltung eines Kreuzwegs
8. Std.: Palmsonntag – Jesus zieht in Jerusalem ein
10. Std.: Das Abschiedsmahl Jesu
12. Std.: Todesangst am Karfreitag und Auferstehung

[12] Vgl. Holtstiege, *Erzieher in der Montessori-Pädagogik*, S. 127.

5. Leistungsüberprüfung

13. Std.: Bildbeschreibung / Transferaufgabe

6. Präsentationsphase

14. Std.: Probe für die Vorstellung des Kreuzwegs im Schulgottesdienst
15. Std.: Vertiefende Aussprache über die Schülerarbeiten und das Thema »Tod und Auferstehung
16. Std.: Präsentation des Kreuzwegs im Schulgottesdienst

Im Mittelpunkt der Unterrichtssequenz stand der Bau von Kastenbildern durch Schülerinnen und Schüler. Dazu fand über den Zeitraum von vier Wochen eine der beiden Religionsstunden im Werkraum der Schule statt. Die Kinder bauten selbst gewählte Stationen und benutzten zu deren Gestaltung eigene, mitgebrachte Materialien wie Steine, Erde, Gräser, Murmeln, Stoffe. Außerdem hatten sie Zugang zu bereitgestelltem Sperrholz und Pappe. Ob sie mit Wasserfarben, Buntstiften, Filzstiften oder Wachsmalkreiden arbeiten wollten, blieb ihnen überlassen. Die Verbindung der Stationen lag allein in der äußeren Form des Kastenbildes.

Um die Gestaltungsaufgabe lösen zu können, mussten die Schülerinnen und Schüler die Bedingungen der darzustellenden Kreuzwegstationen im Detail studieren. Dazu halfen ihnen Informationen aus dem Klassenunterricht und vor allem eigene Informationsbeschaffung bei Lehrern, Eltern, Fachleuten (eine Gruppe besuchte beispielsweise am Nachmittag den Pfarrer) oder die Benutzung des bereitgestellten Handapparates. Außerdem bot jeweils die zweite Wochenstunde des Fachunterrichts Möglichkeiten zur Klärung aufkommender Fragen. Erst wenn die Fragen zum Kreuzwegbau und zur Gestaltung der Stationen beantwortet waren, wurde die zweite Fachstunde zu einem begleitenden Durchgang durch die Karwoche genützt.

III. Animationsphase

Die »Animationsphase« zu Beginn der Unterrichtssequenz war von entscheidender Bedeutung. Hier wurde versucht für das Rahmenthema zu werben, denn im Fachunterricht ist es ja gerade nicht üblich, dass die Schülerinnen und Schüler den Gegenstand ihrer Beschäftigung frei wählen. Damit überhaupt so etwas wie »freie Bindung« an einen Gegenstand zustande kommen kann, ist es wichtig, das Rahmenthema zu »beseelen«. Nur nach einer Grundentscheidung der Gruppe für ein Rahmenthema ist in einer Unterrichtssequenz im fachgebundenen Unterricht, die auf Freiarbeit im Sinne Montessoris abzielt, eine Möglichkeit für die Selbstbestimmung der Schülerinnen und Schüler bei ihrer Arbeit gegeben. Zumindest gilt diese Bedingung, wenn der Unterricht sich auch der Anforderung stellt, zu einer Leistungsüberprüfung mit vergleichbaren Ergebnissen hinzuführen.

Am Ende der Animation, nachdem das Thema »verlebendigt« worden war, musste eine Entscheidung über Annahme und Ablehnung des »Projekts Kreuzwegbau« stehen. Redlicherweise musste hier gelten: Ist die Animation nicht gelungen und kommt es nicht zur Entscheidung für das Projekt, kann die »freie Bindung« nicht aufkommen und der Themenkreis muss didaktisch anders bewältigt werden.

IV. Information und Arbeitsteilung zum Kreuzwegbau

Wie in der »Animationsphase konnten auch in der zweiten Phase der Unterrichtssequenz, die ich mit »Information und Arbeitsteilung zum Kreuzwegbau« überschrieben habe, die konstitutiven Wahlfreiheiten der Schülerinnen und Schüler in der Montessori-Pädagogik (Bewegung, Wahl der Gegenstände, Zeitpunkt und Dauer der Tätigkeit, Freiheit der Kooperation und Freiheit der Wahl des Bildungsniveaus) noch nicht konsequent berücksichtigt werden. Es ging in diesem Arbeitsabschnitt darum, die Schülerinnen und Schüler über Kenntnisse vom Geschehen in den Kar- und Ostertagen in Jerusalem erst zur »Meditation am Detail« fähig zu machen, indem sie sich für Gestaltung und Bau einer bestimmten Kreuzwegstation entscheiden.[13] Möglich war aber bereits eine Akzentuierung selbsttätigen und entdeckenden Lernens, die alle Freiheiten wenigstens ansatzweise einbezog, indem die Orientierung »Was war vom Palmsonntag bis zum Osterfest in Jerusalem los?« in eine Spielidee eingekleidet wurde:

> *»Einem reichen Zeitungsverleger sind Funde aus der Anhängerschaft Jesu übergeben worden. Er vermag sie aber nicht zu ordnen. So übergibt er das Material* (Schnippelbögen mit Bildern und Texten aus Religionsbüchern zum Thema Passion*) an zwei Forschergruppen, die das Material ordnen und dann vorstellen sollten. Die bessere Version soll veröffentlicht und honoriert werden.«*

Zwei Freiwillige wählten Teams, die in diesem fiktiven Kontext folgende Aufgabe zu erledigen hatten:

> *»Schneidet das gefundene Material aus, sortiert es zu den einzelnen Stationen in und um die Leidenszeit Jesu in Jerusalem und stellt die Ergebnisse der Arbeit unter der Überschrift ›Was ist vom Palmsonntag bis zum Osterfest in Jerusalem passiert?‹ auf einem Plakat dar!«*

Zwei Gruppensprecher (Selbstorganisation der Arbeitsgruppen!) trugen anhand der erstellten Plakate zur Chronologie des Geschehens die Ergebnisse vor. Die herausgearbeiteten Stationen waren zugleich mögliche Stationen für die eigene Kreuzweggestaltung. Es kamen nicht 14 Stationen heraus, sondern 21, aus denen es auszuwählen galt. Aber im Entscheidungsvollzug und unter Kenntnisnahme der 14 traditionellen Kreuzwegstationen, erfuhren die Schülerinnen und Schüler, wie die Kanonisierung im Laufe der Kichengeschichte auf die Folge der traditionell gestalteten Stationen eingewirkt hat und dass diese Auswahl – etwa bei der dreimaligen Darstellung des Fallens unter dem Kreuz – theologisch überformt ist. Für den Entscheidungszusammenhang gab es mit der Wahlfreiheit im vorgegebenen Rahmen ein übergeordnetes Kriterium. Auf dieser Basis musste die Gruppe grundlegende Entscheidungen treffen:
- Welche Stationen aus dem Leidensweg Christi wollen wir bauen?
- Bleibt bei unserer Stationenauswahl die Sinnhaftigkeit der gesamten Kreuzwegsdarstellung gewahrt?
- Wer aus der Lerngruppe baut welche Station?

Mit diesen Fragen stellten sich große Herausforderungen an den Gruppenprozess der Gesamtgruppe. Wenn die Schülerinnen und Schüler die Lösung »selbständig suchend« finden, kommen sie dem Prozess ihrer Selbstbestimmung einen großen Schritt näher. Von der Be-

---

[13] Auch Montessori betont, dass Freiheit ohne Bindung an Grundkenntnisse und -fertigkeiten nicht möglich ist, vgl. z.B. Maria Montessori, *Die Entdeckung des Kindes* (Schriften des Willmann-Institutes München / Wien), hg. und eingeleitet von Paul Oswald und Günter Schulz-Benesch, Freiburg [10]1991, S. 55–72, 105–111, 332ff.

wältigung dieser Aufgabe hing noch einmal die Frage ab, ob das Projekt wie geplant durchgeführt werden konnte oder der Themenkreis didaktisch anders erschlossen werden musste.

Die Gruppenarbeitsphase war zudem ein wesentlicher Schritt für den pädagogischen Paradigmenwechsel in der Lerngruppe. In 9-köpfigen Untergruppen wurde den Schülerinnen und Schülern jetzt zugemutet, den Arbeitsauftrag in einer Unterrichtsstunde zu erledigen. Als Lehrer habe ich in der Anfangsphase darauf geachtet, dass die Gruppen die Arbeit zum Thema auch aufnahmen. Dann legte ich mir Zurückhaltung auf und beteiligte mich nur, wenn ich von Schülerinnen bzw. Schülern gefragt wurde (neue Lehrerrolle).

Interessant ist, wie die Untergruppen ihre Aufgaben gelöst haben: In beiden Gruppen übernahmen die »Freiwilligen«, die sich weitere acht Mitglieder in ihre Gruppen gewählt hatten, zunächst die organisatorische Leitung. Beide Gruppen teilten sofort selbständig den mehrseitigen Schnippelbogen zur Lektüre auf die Gruppenmitglieder auf. Ohne Störung, die eine Lehrerintervention erforderlich gemacht hätte, arbeiteten die Schülerinnen und Schüler so, dass sich über weite Strecken alle beteiligten. Und das über einen Zeitraum von 30 Minuten in der 3. Stunde und von ca. 15 Minuten in der 4. Stunde der Unterrichtssequenz hinweg.

Interessant auch: Wenn inhaltliche Fragen aufkamen, wie ein Bild oder Text chronologisch einzuordnen wäre, suchten die Schülerinnen und Schüler zunächst die Klärung im Gespräch miteinander, lernten also zunächst voneinander und nur dann, wenn es nicht weiterführte, vom Lehrer.

Es kam eine Einigung zustande. Aus 21 Stationen wurden 18 zum Bau ausgewählt, der zweite und dritte Fall Jesu unter dem Kreuz und die Station »Jesus wird vom Kreuz abgenommen und in den Schoß der Mutter gelegt« ausgeschieden. Jeder der 18 Schülerinnen und Schüler wusste nun, welche Station er gestalten würde.

Das Interesse am Thema »Kreuzweg« war mit der Entscheidung, wer welche Station bauen würde, weiter gewachsen. Inhalte der Stunden wurden von den Schülerinnen und Schülern nun sogleich an dem Kriterium gemessen, ob und inwieweit sie dem Kreuzwegbau nützlich waren. Es gab ein spürbares Drängen, endlich mit der praktischen Arbeit des Kreuzwegbaus zu beginnen.

Bewusst wurde die Aufgabe der Gestaltung des Erstentwurfes der übernommenen Kreuzwegstation als Bleistiftzeichnung in die Hausaufgabe verlegt, um die individuelle Vertiefung in größtmöglicher Ruhe und Zeitfreiheit zu ermöglichen.

V. Werkstattphase

Die folgende »Werkstattphase des Kreuzwegbaus« bildete das Herzstück der Unterrichtssequenz. Für die Lösung der gestalterischen Aufgaben stand in den Werkstattstunden als »Fachmann« beratend der Dettinger Künstler Armin Lang zur Verfügung. Er half bei der Umsetzung von Schülerideen und legte mit Hand an, wo es nötig war. Zudem diente die sechste Unterrichtsstunde der Sequenz speziell der Anregung von Möglichkeiten zur künstlerischen Gestaltung eines Kreuzwegs.

In den Werkstattstunden und darüber hinausgehender Hausarbeit standen die Schülerinnen und Schüler vor der Aufgabe, eine Station des Kreuzwegs nach eigenem Entwurf zu gestalten. Bis zur ersten Werkstattstunde sollte jeder einen Entwurf zur Gestaltung seiner Station, eines verglasten Holzkastens mit weißer Papprückwand, vorlegen.

Die erste Werkstattstunde diente dem Bau des Rahmens mit Verglasung. Dazu mussten Dachplatten auf Maß zugesägt, mit Nut versehen und eine zugeschnittene Glasscheibe eingesetzt werden. Das Ganze wurde verschraubt, und der Kasten ohne Rückwand war fertig.

Weil in der ersten Werkstattstunde die individuellen Gestaltungsvorschläge noch nicht gebraucht wurden, konnten die Erstentwürfe eingesammelt und in Zusammenarbeit mit dem

Kunstlehrer und dem beratenden Künstler auf ihre Umsetzbarkeit hin begutachtet werden. Jede Schülerin / jeder Schüler bekam eine Rückmeldung zu ihrem/seinem Vorschlag.

In der zweiten Werkstattstunde konnten die Schülerinnen und Schüler dann mittels Paustechnik oder Umrisszeichnung die Elemente ihrer Entwürfe auf Sperrholz übertragen und einzeln aussägen. So ließen sich die Gestaltungselemente auf verschiedenen Ebenen im Kasten anbringen, indem ihre Befestigung durch unterschiedlich hohe Holzunterlagen an der Bildrückwand vorgenommen wurde. Auch in dieser Phase konnten die Schülerinnen und Schüler die endgültige Komposition noch verändern.

Das weitere Aussägen und das Bemalen der Holzteile sowie der Rückwand des Kastenbildes erfolgte zu Hause oder in der dritten Werkstattstunde. Zur dritten Werkstattstunde brachten die Schülerinnen und Schüler aber bereits weitere Gestaltungsmittel wie Erde oder Grünmaterial mit, um ihre Konzeption vollständig umzusetzen.

In der vierten Werkstattstunde wurden die Stationen zusammengebaut.

Auf der Basis der individuellen Entscheidung eines Schülers für den Bau einer Kreuzwegstation waren in dieser Phase alle nach Montessori konstitutiven Freiheiten gewährleistet:

- Die Schülerinnen und Schüler hatten die Möglichkeit, sich im Werkraum der Schule völlig frei zu bewegen, solange sie dabei die Arbeit der Mitschüler nicht störten.
- Die Kinder wurden nicht zur Arbeit gezwungen, sondern entschieden selbst, wie lange sie sich in den Werkstattstunden ihrer Aufgabe widmen wollten.
- Die Wahl des verarbeiteten Materials und die Technik der Bearbeitung (Wahl des Bildungsniveaus) standen ihnen frei. Verwendete Farben und Material, das die Schülerinnen und Schüler verarbeiteten, hatten sie selbst mitgebracht.
- Die Tatsache, dass es keinem Schüler möglich war, die Gestaltung und den Bau seiner Station allein in der Werkstattzeit zu absolvieren, führte zu einer großen Freiheit bei der Wahl von Arbeitszeit, Lerntempo und Dauer des Arbeitens. Hausaufgaben hatten so zur Folge, dass die Konzentration durch Zeitvorgabe nicht behindert wurde.
- Ob die Schülerinnen und Schüler ihre Aufgabe ganz allein lösten oder auf die Ideen oder tatkräftige Unterstützung anderer zurückgriffen, blieb ihnen überlassen. Das förderte die Begegnung der Schülerinnen und Schüler untereinander, das Lernen voneinander und ermöglichte, dass notwendige Korrekturen im Handlungszusammenhang von den Schülerinnen und Schülern auch ohne Lehrermitwirkung vorgenommen werden konnten.

In diesem Bedingungsgefüge bot sich die Möglichkeit eines weitgehend selbstbestimmten und selbständigen Lernens der Schülerinnen und Schüler, das sowohl deren Entdeckungsdrang als auch die motorischen Bedürfnisse ernst nahm. Die kreativ-anspruchsvolle Aufgabe verlangte eine Lösung »mit Kopf, Herz und Hand«.

Das Schema des Stundenaufbaus war die ganze Wekstattphase über identisch und soll deshalb nur am Beispiel der ersten Stunde erläutert werden. Zu Beginn der Stunde wurden die Schülerinnen und Schüler freundlich begrüßt und der bereits angefertigte Arbeitsvorschlag an der Tafel erläutert:

Ziel heute: Den Kasten für das Kastenbild bauen

1. Holt euch (immer zu zweit):

1 Sägeblock	1 Säge	2 Schraubzwingen
4 große Hölzer	1 Meterstab	2 kleine Hölzer
1 Schleifblock	1 Bleistift	1 Winkel

2. Zeichnet an den Hölzern die Maße an: 2 x 34 cm; 2 x 30 cm.

3. Befestigt die Blöcke mit der großen Schraubzwinge am Tisch.

4. Spannt die Hölzer mit der kleineren Schraubzwinge ein.

5. Sägt die Hölzer auf die richtige Länge und schleift sie schön ab.

6. Arbeitsende: 9.05 Uhr.
   Beschriftet dann die Hölzer mit eurem Namen und legt sie in die bereitgestellten Kartons. Tische und Boden am Arbeitsplatz aufräumen.

Ordnungsdienst:
1) N.N.
2) N.N.

Klassischer Schluss der Einführung: »Wer Fragen hat, meldet sich. Frohes Schaffen!«

Danach stand die ganze Stunde für die Freiarbeit zur Verfügung. Für den Ordnungsdienst trugen sich jeweils zwei Freiwillige ein, die nach der Stunde den Raum kehrten und Verschmutzungen beseitigten. In allen Werkstattstunden funktionierte dieser Dienst problemlos.

Falls jemand selbst Kastenbilder bauen möchte ...

ist der Aufwand dafür nicht groß. Man benötigt dazu je Kastenbild eine 1,28 Meter lange Dachlatte, die man beim Kauf einseitig mit einer Nut im Seitenabstand von 1 cm versehen lassen sollte.

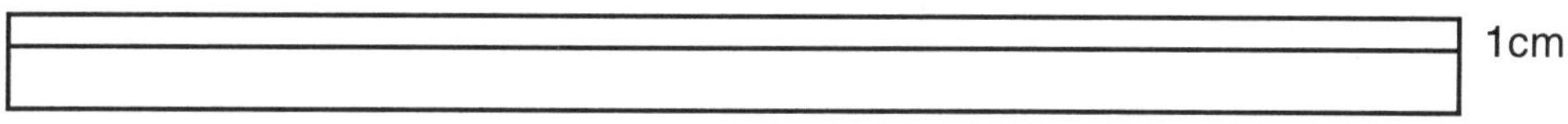

Wenn von der Dachlatte zwei Hölzer auf eine Länge von 34 cm und zwei Hölzer auf eine Länge von 30 cm zugesägt sind, wird in die Nut eine Glasscheibe im Format 30 cm x 30 cm eingesetzt und anschließend die umgebenden Hölzern verleimt. Fertig ist der Kasten, der später rückseitig mit einem zunächst weiß grundierten und dann bemalten Ausschnitt aus herkömmlicher Zeichenblockpappe im Format 33 cm x 33 cm verschlossen werden sollte.

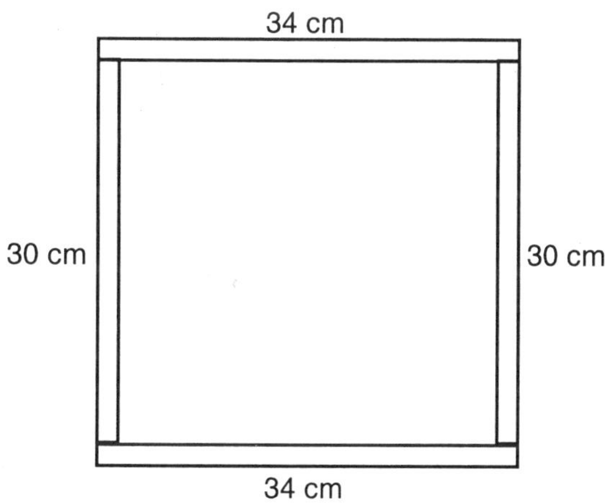

Vor der Befestigung der Rückwand kann allerdings noch beliebiges Material in den ca. 3 cm tiefen Kasten lose beigegeben oder auf der Rückwand mit Klebstoff befestigt werden.

Wesentlich erscheint mir, dass die klassische Lehrer-Schüler-Konstellation im Sinne von »alle lernen, was einer will« überwunden wurde zu einem »gemeinsamen Lernweg entlang eines vorgegebenen Inhalts«. Der Lehrer verblieb nicht nur in der Rolle des fordernden Gegenübers, sondern wurde mit seiner Sachkenntnis zum geschätzten und gefragten Lernpartner der Schülerinnen und Schüler, bei dem man sich Rat und vielleicht sogar Hilfestellung holen konnte. Zwar haben Lehrer und Schüler im Unterricht völlig andere Aufgaben und Verantwortungen, aber sie müssen sich auf dem Lernweg nicht gegenüberstehen.

Damit der Lehrer keine Abhängigkeit der Schülerinnen und Schüler von sich und seinem Wissen erzeugt, ist es wichtig, eine »vorbereitete Lernumgebung« auch über seine Person hinaus zu schaffen. In der Werkstattphase des Projekts wurden zu diesem Zweck in jeder Unterrichtsstunde verschiedene Kastenbilder Armin Langs im Unterrichtsraum aufgestellt; der Künstler stand selbst als Berater und Helfer zur Verfügung. Außerdem war der Handapparat eingerichtet, und es wurde darauf geachtet, dass jeweils Verbrauchsmaterialien (Farben, Stoffe, Hölzer etc.), die zur Gestaltung verwendet werden konnten und darüber hinaus als Anregung dienten, im Raum auslagen. Auch Werkzeug wie Sägen, Feilen und Bohrer waren jedem zugänglich.

Kommentar zur Werkstattphase: Die Schülerinnen und Schüler haben die Selbstbestimmung der Freiarbeit überwiegend in positiver Weise genützt. Alle haben ihre Kreuzwegstationen fertiggestellt. Das Engagement bei der Arbeit war unterschiedlich, die Qualität der Ergebnisse war davon mit beeinflusst. Zum großen Teil haben die Schülerinnen und Schüler eigene Materialien mitgebracht und verarbeitet, weitere Materialien aus der »vorbereiteten Umgebung« (z.B. bereitgelegte Stoffe) sind ohne weitere Erklärung in die Arbeit eingeflossen.

Die Beratung durch Lehrer und Künstler wurde von fast allen Schülerinnen und Schülern verlangt und angenommen. Eine Gruppe von Schülerinnen und Schülern hat zur Beratung einen Pfarrer aufgesucht.

Bei der handwerklichen Arbeit haben alle Schülerinnen und Schüler kooperiert. Eine Gruppe hat wesentliche Teile der Arbeit zu Hause angefertigt, zum Teil auch mit Hilfe von Eltern. Andere waren bemüht, ihre Aufgaben flink in den Stunden zu erledigen. Im gesamten Werkstattunterricht herrschte immer eine Atmosphäre konzentrierten Arbeitens, wobei die Lautstärke im Raum in den letzten 15 Minuten der Stunde regelmäßig zunahm. Die Schülerinnen und Schüler haben die Arbeiten mit verschiedenen Techniken (die Station »Abendmahl« zum Beispiel ist gemalt) auf sehr unterschiedlichen Niveaus (einfache oder komplexe Entwürfe) angefertigt. Die Intensität des Arbeitsprozesses war ziemlich hoch und die Begleitung für den Fachlehrer recht anstrengend. Auch außerhalb des Fachunterrichts kamen die Schülerinnen und Schüler mit Fragen; die organisatorischen Anstrengungen waren – trotz erheblicher Unterstützung durch den Kunstlehrer – recht groß.

VI. Inhaltliche Vertiefung

Die Phase der »Inhaltlichen Vertiefung« hatte im Rahmen der didaktischen Konzeption dienende Funktion. Sie bot einerseits die Möglichkeit individueller Beratung und Weiterentwicklung des Gestaltungsentwurfs, andererseits eine Plattform für inhaltliche, organisatorische oder handwerklich-praktische Fragen, die bei den Schülerinnen und Schülern im Rahmen ihrer Arbeit aufgekommen waren. Prinzipiell hätten diese Klärungen auch einer Werkstattstunde vorgeschaltet sein können, aber das war in diesem Fall wegen der Werkraumbelegung – er stand nur einmal wöchentlich zur Verfügung – nicht möglich. War der Fortgang des Stationenbaus sichergestellt (das Aufkommen von Fragen war jeweils nicht vorher zu überschauen!), schloss sich im Klassenunterricht eine Annäherung an einzelne Kreuzwegstationen an, die zudem den Schülerinnen und Schülern die Möglichkeit bot, Anregungen für die Gestaltung mitzunehmen.

In der ersten Vertiefungsstunde stellte sich der Dettinger Künstler Armin Lang mit einer Reihe seiner Werke vor, in denen ebenfalls vielfältige Materialien (Drähte, Spielzeug etc.) verarbeitet sind. Die Einladung verfolgte den Zweck, die Vorstellung von künstlerischen Gestaltungsmöglichkeiten und verarbeitbaren Materialien zu erweitern. Außerdem sollte im Gespräch die persönliche Basis für die Beratung in den Werkstattstunden aufgebaut werden.

VII. Kreativität und Leistungsmessung

Im Zusammenhang mit der Phase der Leistungsüberprüfung stellten sich zwei Grundfragen:

- Wie lässt sich in eine solche Unterrichtssequenz eine Leistungsüberprüfung integrieren, ohne alle Freiheit und Selbstbestimmung zu pervertieren?
- Wie ist es bei einem Projekt mit selbstbestimmter Freiarbeit überhaupt möglich, eine Leistungsüberprüfung mit vergleichbaren Ergebnissen unterzubringen?

An eine akzeptable Lösung waren zwei Grundanforderungen zu stellen: Um die Freiheit der Schülerentscheidung nicht ad absurdum zu führen, mussten eine bewertbare Schülerleistung in einem übergeordneten Sinnzusammenhang im Rahmen des Projekts erbracht werden. Außerdem musste sich die Leistungsüberprüfung an dem individuellen Lernweg der Schülerin bzw. des Schülers orientieren.

Die Binnendifferenzierung im Unterricht macht also ein Faktenabfragen schwierig, weil die Schülerinnen und Schüler unterschiedlichen Wissenszuwachs erworben haben. Die Aufgabenstellung kann sich, wenn sie für alle identisch ist, nur auf einer höheren Abstraktionsebene bewegen, wenn die Gleichheit der Voraussetzungen gewahrt bleiben soll.

Im Zusammenhang des »Projekts Kreuzwegbau« war die Leistungsüberprüfung mit der Anfertigung einer Bildbeschreibung der selbstgefertigten Station berücksichtigt, die Rechenschaft über den Gestaltungswillen der Schülerin / des Schülers ablegte. Die Schülerinnen und Schüler sollten damit ihre Kenntnisse und Leitgedanken dokumentieren, die sie bei der Gestaltung bewegt hatten, und noch einmal den Prozess der Freiarbeit reflektieren. In diesem Fall wurde zurückgegriffen auf bereits im ersten Halbjahr im Fach Deutsch eingeübte Fertigkeiten der Bildbeschreibung, die sonst aber auch in diesem Zusammenhang eingeführt werden könnten.

Dieser in Stillarbeit in der dreizehnten Unterrichtsstunde gefertigte Text diente zugleich als Meditationstext in einem noch ausstehenden Schulgottesdienst zum Thema »Leid und Hoffnung«, bei dem der Kreuzweg der Schulgemeinde vorgestellt wurde.

Inhaltliche Kriterien für eine Beurteilung im Fach Religion ergeben sich dadurch, dass die Schülerin / der Schüler in der Fertigung der Bildbeschreibung Sinnrechenschaft über seinen Gestaltungswillen gibt, der auf ihrem / seinem »Studium am Detail« und dem Klassenunterricht der gesamten Unterrichtssequenz fußt:

- Ist der Gedanke im Bild auffindbar?
- Ist er in der Sache stimmig?
- Ist er argumentativ gestützt?
- Fehlt Wesentliches zum Verständnis der Station?

Letzlich reflektiert die Schülerin bzw. der Schüler dabei noch einmal den Prozess der Freiarbeit inhaltlich. Ich möchte an dieser Stelle eine gelungene Bildbeschreibung – die Schülerarbeit zur Station »Abendmahl« – anführen, um deutlich zu machen, was sich mit diesem Zugang erreichen lässt und wo ich Möglichkeiten zur Beurteilung sehe:

Das letzte Abendmahl

»Ich habe in der Station versucht, Jesus und die Jünger in Abendmahlstimmung darzustellen: Manche Jünger hören zu, schauen nur zu Jesus. Manche essen, beten und sinnen. Hinter Jesus ist ein Fenster aus groben Steinen gemauert und dahinter, hinter Jesu seinen erhobenen Händen, glüht und glimmt die abendliche Sonne. Nach oben hin wird das Rötliche zu Lila, mit drohenden schwarzen Wolken. Auf dem wuchtigen, hellbraunen Tisch stehen die Trauben auf einem silbernen Tablett und der Kelch von Jesus und den Jüngern – der elfte Jünger, Judas, ist bereits gegangen, um Jesus zu verraten.

Das Fenster soll die Hoffnung in Jesus darstellen; immer mehr weicht das Rötliche dem drohenden Schatten von Schwarz und Lila, das bald Jesus verschlucken wird. Manche Jünger sind sehr teilnahmslos, sie wissen und fühlen nichts von der drohenden Gefahr.«

Einschätzung: Der Text nimmt die Schilderung der Evangelien auf. An der Verknüpfung mit der Abwesenheit des Judas zeigt sich das »Umfeldwissen«. Das Motiv der »erhobenen Hände« verbindet die Gestaltung mit dem Unterrichtsinhalt »Einsetzungsbericht«. Im Bild schafft es der Schüler zu spiegeln, wie sich Jesus bei dieser Begegnung zwischen Leid und Hoffnung bewegt. Gut eingefangen sind auch die unterschiedlichen Charaktere im Jüngerkreis.

Daneben trat als eine für die Klasse 5 sehr anspruchsvolle Zusatzaufgabe, die Frage: »Hast du bei der Arbeit über das Thema ›Karwoche und Ostern‹, vielleicht bei der Gestaltung deiner Kreuzwegstation, etwas entdecken können, was heute noch Bedeutung hat?«

Zur Frage nach der Korrelation: Obwohl sie in dieser Einheit keinen großen eingeplanten Raum hatte, wage ich die Hypothese, dass eine Verschränkung »im Stillen« während der Freiarbeit bei den Schülerinnen und Schülern zum großen Teil stattfand.

Die Schülerinnen und Schüler wurden vorab darauf hingewiesen, dass diese zweite Aufgabe völlig freiwillig zu bearbeiten sei, also nicht mit in die Wertung einginge. Dennoch haben 15 der 18 Schülerinnen und Schüler sie beantwortet. Ich werte das als Zeichen, dass es in dieser Unterrichtssequenz gelungen ist, die Noten ein Stück aus dem Mittelpunkt zu rükken und die Leistungen vorwiegend handlungs- und persönlichkeitsorientiert zu motivieren. Auch hier zwei Beispiele aus dem Katalog vielfältiger Bezüge zur heutigen Lebenswirklichkeit:

Jesus zieht in Jerusalem ein

»Viele Menschen freuen sich, jedes Jahr Ostern zu feiern. Die Kinder wegen Ostereiern und die Eltern, weil sie mal über sich und die Menschen nachdenken können. Einige fasten in der Karwoche und beten viel. Andere beschränken sich in alltäglichen Sachen wie Fernsehen, Süßigkeiten, Kino, Schwimmen usw. Wieder andere, und ich glaube fast die meisten, leben weiter wie bisher und kümmern sich einen Schmarrn um all das, was damals geschehen ist. Sie finden es ›ganz nett‹ Geschenke zu kriegen, aber sie weigern sich standhaft, weniger als zwei Stunden täglich fernzusehen.

Einige spenden in der Karwoche das, was sie an Geld übrig haben, weil sie zum Beispiel keine Süßigkeiten kaufen, Misereor. Ich finde, dass alle Menschen, die etwas an Geld übrig haben, es nicht an Sachen wie Süßigkeiten verschwenden, sondern Menschen und Tieren in Not damit helfen sollten. Und nicht nur in der Karwoche!!!«

Jesus begegnet den weinenden Frauen

»In dieser Geschichte erkennt man, dass Frauen viel mehr Mitgefühl haben für das, was uns auf unserer Welt passiert. Für manchen Menschen ist das ein schöner Trost, wenn sie wissen, dass Leute mit ihnen mitfühlen.«

VIII. Präsentation der Unterrichtsergebnisse in einem Schulgottesdienst

Am Schluss der Beschäftigung mit dem Themenkreis »Tod und Auferstehung Jesu« stand die Präsentation der Arbeitsergebnisse: in einem ersten Schritt in der Gesamtgruppe, im zweiten Schritt mit Schülerinnen und Schülern, Eltern, Lehrern und Gästen der Schule in einem Schulgottesdienst zum Osterfest.

Der erste Kirchenbesuch (Unterrichtsstunden 14 und 15) diente zum einen als Generalprobe für den Schulgottesdienst, zum anderen der Vorstellung der Freiarbeitsergebnisse, die einzig auf Orthographie hin korrigiert worden waren, in der Gesamtgruppe. Nacheinander traten die Schülerinnen und Schüler an ein Mikrofon und lasen (Sprechprobe), während ein anderer Schüler das jeweilige Bild zeigte, ihre Bildbeschreibungen in der Reihenfolge der Stationen vor. Dabei lernten sie die inhaltlichen Ergebnisse der anderen kennen und im Fortschreiten der Stationenfolge weitete sich die Perspektive von der »Meditation am Detail« zur Gesamtschau des Themas »Tod und Auferstehung Jesu«. Die enge Verklammerung der gezeigten Geschehnisse ergab sich aus der Folge der Schülertexte. Hier lag – neben der je individuellen Vertiefung der Schülerinnen und Schüler in eine Station – die religiöse Sinnspitze der Unterrichtssequenz. Es wurde deutlich, wie sich die Beiträge der einzelnen Schülerinnen und Schüler zu einem Ganzen fügten und wie jeder seinen Teil dazu beitrug (Aufwertung des einzelnen Schülers in der Lerngruppe).

Nach anfänglicher Unruhe herrschte schon bei der 3. Station eine konzentrierte Stille, die über die 18. Station hinaus anhielt. In der Spannung der Text- und Bildfolge der Schülerarbeiten rückten Tod und Auferstehung eng zusammen. Im Anschluss an die Präsentation ergaben sich viele Nachfragen, denen erst im Stuhlkreis, dann mittels eines »Marktplatzes« – d.h. jeder konnte im Raum der Kirche jeden ansprechen, von dem er etwas zur Kreuzweggestaltung wissen wollte – Rechnung getragen wurde. Als sich zeigte, dass die Gespräche sich mehr und mehr verflüchtigten, gingen die Schülerinnen und Schüler für 10 Minuten in die Pause, um sich dann im »Sitzkreis« noch einmal zusammenzufinden und ihre Texte zur Gegenwartsrelevanz von Karwoche und Ostern (zweiter Teil der Leistungsfeststellung) vorzulesen. Die Konzentration erreichte nicht mehr das Niveau der ersten Einheit, aber es wurde interessiert und ohne längere Quergespräche verfolgt, was vorgetragen wurde.

Im abschließenden Schulgottesdienst wurde der Kreuzweg der Klasse 5 der Schulgemeinde präsentiert (Aufwertung der Lerngruppe im Erfahrungsraum der neuen Schule).

IX. Lernziele?

Nachdem ich schon hier und da besorgte Nachfragen gehört habe, ob die Schülerinnen und Schüler bei diesem Ansatz auch genug lernen können, möchte ich die Lernmöglichkeiten, die ich im Blick hatte, anführen. An Lernchancen scheint es mir nicht zu fehlen. Vorab aber drei Bemerkungen:

- Freiarbeit bedeutet innere Differenzierung im Unterricht, d.h. gemeinsame kognitive Lernziele der Gesamtgruppe lassen sich nur für einen Teil der Unterrichtssequenz anführen.
- In der Einheit geht es primär nicht um die Erweiterung des religiösen Wissenstandes der Schülerinnen und Schüler über »Tod und Auferstehung Jesu«, sondern um einen erlebnishaften und einfühlsamen Zugang zu den Geschehnissen der Karwoche und des Osterfestes und ihrer Deutung im klassisch-christlichen Kontext. Angestrebt ist – analog zum entwicklungspsychologischen Befund, dass kritisches Denken in dieser Altersgruppe noch nicht in Gedanken gefasst werden kann, sondern als Gefühl empfunden und als Emotion oder Laune ausgelebt wird – eine Verhaltensdisposition, die nur beschränkt operationalisierbar ist.
- »Lernziele, die die Emanzipation der Schülerinnen und Schüler zum Ziel haben, können nicht operationalisiert werden. Das wäre ein Widerspruch in sich.«[14]

Unter Berücksichtigung dieser Einschränkungen werden folgende Lernziele festgehalten: Die Schülerinnen und Schüler sollen

- den Kreuzweg als künstlerische Form der Auseinandersetzung mit Tod und Auferstehung Jesu kennen;
- die Geschehnisse in der Kar- und Osterzeit chronologisch ordnen;
- die in den Glaubenszeugnissen der Evangelien enthaltenen Aussagen zu Palmsonntag, dem Abendmahl am Gründonnerstag, zu Kreuzweg und Karfreitag in eigenen Worten wiedergeben können;
- eine Bildbeschreibung zu einer selbstgefertigten Kreuzwegstation abfassen;
- die enge Verklammerung der Geschehnisse von Tod und Auferstehung Jesu erfahren (Sühnetodverständnis);

[14] Helmut Kurz, *Lernziele und Religionsunterricht. Ein Arbeitspapier für die Fachsitzungen*, Tübingen o.J. in Anlehnung an Hilbert Meyer, Leitfaden zur Unterrichtsvorbereitung, Frankfurt ^{8}1986, S. 133–164.

- sensibel werden für die Ausdrucksmöglichkeiten von Bildern und Texten, besonders in Kreuzwegsdarstellungen;
- sensibel werden für Symbole;
- sensibel werden für sich selbst;
- sensibel werden für ihre Lerngruppe, in diesem Fall mit 18 Individuen;
- eine Kreuzwegstation »im Detail meditieren« und in eigener Gestaltung ausdrücken;
- in menschlichen Grunderfahrungen (z.B. Eingesperrtsein, Abschied) die religiöse Rückbindung erspüren;
- sich selbst als religiös erfahren;
- einen Papierentwurf zur Gestaltung einer Kreuzwegstation herstellen;
- mit Werkzeugen sachgerecht umgehen;
- selbständig über die Vorgehensweise (Wann arbeite ich wo, wie lange, mit welchen Materialien?) entscheiden;
- Diskussion und Entscheidungsfindung in der Gruppe einüben;
- Texte selbständig auswerten;
- eine Bildbeschreibung verfassen;
- einen Text öffentlich vorlesen.

Die Ergebnisse der Schülerarbeiten bei der Gestaltung der Stationen, bei Bildbeschreibung und Transfer waren für mich so ermutigend, dass ich zwischenzeitlich in Mittel- und Oberstufe weitere vorsichtige Versuche solchen fachgebundenen selbstbestimmten Lernens unternommen habe. Das dauernde Arbeiten in solcher Konzeption in der Regelschule überfordert Schüler/innen und Lehrer/innen wohl in gleicher Weise. Als Element einer Gesamtkonzeption von Unterricht scheinen mir in einem solchen Ansatz jedoch große Potentiale für die Stärkung von selbstständigem, engagiertem und kreativem Arbeiten der Schülerinnen und Schüler zu liegen. Menschen ganz(-heitlich) ernst zu nehmen heißt eben, ihnen Freiheiten zu überlassen – auch in der Schule. Zum Schluss sei ein Wort Platons angeführt: »Für die Seele ist erzwungenes Lernen nie von bleibendem Wert.«

Klasse 5/6

Suchen und Entdecken

Zeugnisse des christlichen Glaubens in unserer Heimat

Erarbeitet von Markus Weiss

»Wo immer in Europa Religionsunterricht erteilt wird: Jede Schule bewegt sich in einem Umfeld, das voller konkreter Materialien steckt, bunter, farbiger, eindrucksvoller, als es je ein Druckwerk wiedergeben kann. Eine Stadt wie Lübeck ist ein aufgeschlagenes Religionsbuch und eine Stadt wie Luzern provoziert geradezu, auf Plätzen und Brücken, im Zug der Straßen und rund um Kirchen und Kapellen, die sich dort darstellenden Geschichten und Deutungen des Glaubens auszulegen.«[1] Dass Rottenburg am Neckar, wo der Verfasser mit einer 6. Klasse die im Folgenden dargestellten Unterrichtsideen ausprobiert hat, in diesem Sinne ebenfalls als ein »aufgeschlagenes Religionsbuch« bezeichnet werden kann, wird jedem, der schon einmal mit offenen Augen durch Rottenburgs Straßen, Gassen und Wege gegangen ist, sicherlich noch eindrücklich in Erinnerung sein. An allen Ecken stößt der aufmerksame Betrachter auf Zeugnisse des christlichen Glaubens aus vielen Zeiten und Epochen und von den verschiedensten Menschen, die ihrem persönlichen Glauben – und damit natürlich auch dem Glauben ihrer Zeit – durch die unterschiedlichsten Zeugnisse Ausdruck verliehen haben. An Straßennamen, Inschriften an Häusern, Statuen, Wegkreuzen und kleinen Bildstöcken und nicht zuletzt an der Vielzahl von Kapellen und Kirchen, die das Stadtbild von Rottenburg prägen und seine wechselvolle Geschichte bezeugen, zeigt sich, »(...) wie Menschen einer bestimmten Region und Kultur, mit ihren persönlichen und sozialen Eigenheiten an Christus als ihren Herrn und Erlöser glaubten und glauben und wie sie ihn ihrer Mitwelt bezeugen«.[2] Diese »stein-« und »bildgewordenen« Zeugnisse des Glaubens unserer Vorfahren, an denen wir oft in der Hektik des Alltags achtlos vorübereilen, deren Tiefendimension als »Glaubenszeugen« in unserer säkularisierten Zeit meistens nicht mehr erkannt und verstanden wird und deren Bedeutung und Symbolgehalt uns erst wieder neu entschlüsselt werden müssen, stehen im Mittelpunkt dieser Unterrichtseinheit. Doch gilt dies nicht nur für die Stadt Rottenburg, sondern für jede andere Stadt und auch für jede Gemeinde, in größerem oder kleinerem Rahmen. Die hier vorgestellten Materialien wollen eine Anregung sein, sich in seiner eigenen Heimatstadt oder -gemeinde auf die Suche nach Zeugnissen des christlichen Glaubens zu machen, und methodische Vorgehens- und Herangehensweisen exemplarisch am Beispiel Rottenburgs aufzeigen.

Das Thema der Wahleinheit aus Klasse 5 des Katholischen Lehrplans für Gymnasien in Baden-Württemberg »Suchen und Entdecken von Zeugnissen des christlichen Glaubens in unserer Heimat«, lädt zu einer »Spurensicherung« vor Ort ein. Schon die Formulierung des Themas impliziert, dass »Suchen und Entdecken« für die gesamte Planung, Konzeption und Durchführung der konkreten Arbeit mit den Schülern vor Ort leitmotivisch für diese Unterrichtseinheit sind. Vor allem geht es darum, Wege zu finden, das bereits offen daliegende »Religionsbuch«, d.h. die Zeugnisse des christlichen Glaubens einer Stadt, für den Religionsunterricht wieder fruchtbar zu machen, um dem christlichen Glauben, der laut Halbfas »tintenblütig«[3] geworden ist, einen neuen Zugang zum vielfältigen Reichtum seiner Ge-

---

[1] H. Halbfas, *Religionsunterricht in Sekundarschulen*, Lehrerhandbuch 5, Düsseldorf 1992, S. 417.

[2] Kuhnle, in: R. Reinhardt / A. Polonyi, *Die Kirche in der Diözese Rottenburg-Stuttgart*, Band 1: *Die frühe Zeit*, Neuried, 1989, S. 3.

[3] H. Halbfas, *Wurzelwerk. Geschichtliche Dimensionen der Religionsdidaktik*, Düsseldorf 1989, S. 239.

schichte und Tradition zu eröffnen. Dabei gilt es, die »steinernen« Zeugen wieder zum Sprechen zu bringen, um den Schülerinnen und Schülern einen Zugang zu ihnen zu erschließen und sie für ihren Glauben fruchtbar zu machen, sodass sie durch das Zeugnis, das ihre Vorfahren für ihren Glauben abgelegt haben, gestärkt ihren eigenen Glaubensweg finden und selbst für ihren Glauben Zeugnis ablegen können.
Vor diesem Hintergrund liegen der hier vorgestellten Unterrichtseinheit folgende Leitfragen zugrunde:

- In welchen Zeugnissen und Formen bezeugten unsere Vorfahren ihren Glauben?
- Welche Bedeutungen haben diese Zeugnisse für unser Leben und unseren Glauben heute?

Dieser Spannungsbogen einer Vergangenheit, die konkret in unsere Gegenwart hineinreicht und dadurch bedeutsam für die Gestaltung unserer Zukunft wird, muss immer wieder im Mittelpunkt der Überlegungen stehen, sowohl in der Vorbereitung der Unterrichtseinheit als auch in der Durchführung konkreter Erkundungen vor Ort.

Das Thema eröffnet durch seine ortsspezifische Formulierung in besonderer Weise die Möglichkeit des konkreten »Lernens vor Ort« und damit eine Vielfalt an methodischen Möglichkeiten: Lerngänge, Exkursionen und Museumsbesuch bieten sich an, um den Schülern neue Zugänge und Einsichten zu ermöglichen und den Religionsunterricht durch diese neuen Erfahrungsmöglichkeiten und Lernumgebungen zu bereichern und spannender zu gestalten. Durch die Ausrichtung des Themas auf die regionale Lebenswelt der Schüler ist von vornherein eine starke Schülerorientierung der Einheit gegeben

Im Mittelpunkt steht immer die Konzeption, Schüler selbständig Entdeckungen im »aufgeschlagenen Religionsbuch« ihrer Stadt machen zu lassen und dadurch den Rahmen eines vorgegebenen gedruckten Religionsbuches zu sprengen. Eigeninitiative, entdeckendes Lernen, kreativer Umgang mit den Gegebenheiten vor Ort, die Nähe und die Orientierung an der konkreten Lebenswelt der Schüler stehen im Zentrum.

Die Materialien gliedern sich in drei Teile, die jeweils mit unterschiedlichen Methoden einen Zugang zu den verschiedenen Zeugnissen des christlichen Glaubens vorstellen. Je nach der zur Verfügung stehenden Zeit und den jeweiligen Gegebenheiten vor Ort können diese variabel eingesetzt werden:

- **Teil I:**

Eine »Forschungsexpedition« durch das Diözesanmuseum in Rottenburg. Exemplarisch wird am Beispiel des Rottenburger Diözesanmuseums gezeigt, wie Schülern ein Zugang zu einem Kunst- oder Heimatmuseum mit Zeugnissen des christlichen Glaubens vor Ort erschlossen werden kann.

- **Teil II:**

Eine »Forschungsexpedition« in eine Kirche und zu Zeichen am Weg. Exemplarisch wird am Beispiel der Rottenburger Morizkirche gezeigt, wie Schüler auf eigene Faust eine Kirche erkunden können, um sie dann ihren Klassenkameraden vorzustellen.

- **Teil III:**

Ein Brettspiel zur Wiederholung und Ergebnissicherung.

I. Entdeckendes Lernen im Museum[4]

Eine »Forschungsexpedition« durch das Diözesanmuseum Rottenburg für die Sekundarstufe

Vorbemerkungen

Der Besuch eines Kunstmuseums ist für Schülerinnen und Schüler häufig absolutes Neuland, dem oft mit Vorbehalten und Berührungsängsten begegnet wird. Dabei liegen gerade in dieser offenen Unterrichtsform des konkreten »Lernens vor Ort« ungeahnte Möglichkeiten. Bei Schülerinnen und Schülern kann durch das Verlassen der gewohnten Lernumgebung ein Potential eröffnet werden, das in den konventionellen Unterrichtsformen nicht zum Tragen kommt. Die Lebensnähe und Anschaulichkeit des »entdeckenden Lernens vor Ort« trägt zur Vertiefung von Lernprozessen bei und kann bei Schülerinnen und Schülern weit über den Unterricht hinaus Interesse wecken und fördern. Das soll in diesem Unterrichtsvorschlag am Beispiel des Lerngangs durch das Diözesanmuseum in Rottenburg veranschaulicht werden.

Es werden Möglichkeiten, Methoden und Ideen für die Erschließung eines konkreten Kunstmuseums aufgezeigt, um dadurch Anregungen für die »Erforschung« anderer Museen zu bieten. Bewusst wird der Lerngang von Anfang an als »Forschungsexpedition« eingeführt, da hierin für die Schülerinnen und Schüler eine besondere Motivation liegen kann. Die didaktische Konzeption des Lerngangs basiert v.a. auf der Leitlinie des »eigenständigen Suchens und Entdeckens« sowie auf dem didaktischen Grundsatz »Schüler unterrichten Schüler«. Da es sich bei der vorliegenden Konzeption um einen dreistündigen Lerngang handelt, der in seiner Art und Konzeption für die Schülerinnen und Schüler ungewohnt ist, gliedert sich die »Forschungsexpedition« in vier Bausteine. Diesen Bausteinen liegen unterschiedliche methodische Vorgehensweisen zugrunde, um den Schülerinnen und Schülern den ersten Zugang zu einem Kunstmuseum zu erleichtern.

---

[4] Die Comic-Zeichnungen auf den Materialseiten wurden entnommen aus: Werner Tiki Küstenmacher, *Tikis Evangelisch-Katholisch Buch: Zusammen sind wir unschlagbar*, Pattloch Verlag, Augsburg, © Weltbild Verlag GmbH 1996, © Calwer Verlag, Stuttgart 1996.

Baustein 1: Spielerische Hinführung zu einer ungewohnten Lernumgebung

Einstieg: Bereits im Klassenzimmer werden die Kunstforscherausweise (s.o.) ausgefüllt. Es werden verschiedenfarbige Ausweise eingeführt, um die fünf Teams anhand der unterschiedlichen Farben im Museum leichter identifizieren zu können. Die Bildung der fünf Teams findet ebenfalls bereits im Klassenzimmer statt. Die einzelnen Teams geben sich dabei einen Namen, um das Zusammengehörigkeitsgefühl der Gruppe zu stärken und eine produktive Zusammenarbeit während der Gruppenarbeit des Lerngangs zu gewährleisten. Die Identifikationsnummer kann sich z.B. aus dem Geburtsdatum und der Klasse zusammensetzen.

Nach der Ankunft im Museum werden **M 1** und **M 2** ausgeteilt. Die Lehrerin / der Lehrer führt den Arbeitsauftrag ein (s. **M 1**) und erläutert kurz den Verwendungszweck von **M 2**.

M 1 führt die Schülerinnen und Schüler zu einem der bedeutendsten Gemälde des Diözesanmuseums, einem sogenannten »Gnadenstuhl«. Da die Bildaussage des Gemäldes von den Schülerinnen und Schüler nicht ohne weiteres erfasst werden kann, wird durch eine angeleitete Bildbetrachtung die Deutung des Gemäldes Schritt für Schritt gemeinsam erschlossen. Durch das Beschreiben der Personen Gottvater, Gottsohn und Heiliger Geist und das Beschreiben der Gesichtsfarbe des toten Gottessohnes werden die Schülerinnen und Schüler zur Deutung des Gemäldes hingeführt. Durch die angeleitete Bildbetrachtung (Leitfragen s.u.) erschließen sie den tiefen Symbolgehalt der bildlichen Darstellung des »Gnadenstuhles«: Gottvater zeigt den Menschen seinen toten Sohn, hält ihn uns quasi vor Augen, um deutlich zu machen, dass Jesus uns durch seinen Tod erlöst und uns dadurch von unseren Sünden befreit hat. Es wird deutlich, dass das Gemälde das Erlösungswerk Christi vergegenwärtigt.

Anregungen für die Bildbetrachtung: Beschreibt, was ihr auf dem Bild seht. Welche Personen sind dargestellt? Was fällt euch an diesem Bild auf? Worum geht es in diesem Bild? Warum wird dieses Bild als »Gnadenstuhl« bezeichnet? Was hat die Darstellung mit »Gnade« zu tun?

Baustein 2: Selbständige Erforschung von Kunstwerken, die thematisch mit dem Leben Jesu in Verbindung stehen

Die Schülerinnen und Schüler werden mit Hilfe der Bibeltexte auf **M 3** dazu angeleitet, auf eigene Faust Nachforschungen anzustellen. Durch die Möglichkeit des eigenständigen Entdeckens wird sichergestellt, dass sie nicht durch ein vorgesetztes Programm überfordert werden und das Interesse am Museum verlieren. Gleichzeitig wird in besonderer Weise ihre Eigeninitiative gefördert.

Der Arbeitsauftrag von **M 3** wird arbeitsteilig in den bereits eingeteilten Teams bearbeitet. Jedes Team entscheidet sich für eines der zur Auswahl stehenden Themengebiete zur Erforschung von Kunstwerken, die thematisch alle mit dem Leben Jesu zusammenhängen. Wichtig ist, dass die Schülerinnen und Schüler trotz der Spezialisierung auf ein Themengebiet alle Bibelstellen lesen, damit in der Auswertungsphase der Vortrag der einzelnen Teams nicht zu Langeweile führt. Durch die Textkenntnis dieser Bibelstellen werden bei der Präsentation der von den einzelnen Teams ausgewählten Kunstwerken Rückfragen, Entdeckungen und Erkenntnisse zu den Kunstwerken bei den Nichtspezialisten initiiert.

Die Teams für die einzelnen Themengebiete suchen zunächst im Museum nach unterschiedlichen zu ihrem Themengebiet passenden Darstellungen. In einem weiteren Schritt entscheiden sie sich dann für eine der Darstellungen und erschließen diese mit Hilfe der Bibelstelle. Im Anschluss an die eigenständige Bildbetrachtung und Bilderschließung wird dann auf der Grundlage des Bibeltextes und der selbständig gewonnenen Ergebnisse zur ausgewählten Darstellung die Präsentation im Plenum vorbereitet. Durch die Präsentation der fünf ausgewählten Darstellungen vor dem Plenum der Klasse werden die Schülerinnen und Schüler von ihren eigenen Mitschülerinnen und Mitschülern durch das Museum ›geführt‹.

Im Anschluss an die Präsentation der ausgewählten Kunstwerke durch die Teams leiten diese ihre Mitschülerinnen und Mitschüler dazu an, Standort, Titel und Ergebnisse der Bildbetrachtung auf **M 2** einzutragen, um so die Ergebnisse zu sichern.

Baustein 3:
Detallierte Bildbetrachtung des Mantelteilungsbildes des heiligen Martin und kreativer Malauftrag

Anregungen für die Betrachtung des Originalbildes (Materialien: **M 4a** und **M 4b**): Beschreibt, was ihr auf dem Bild seht. Welche Personen sind dargestellt? Wie werden diese Personen dargestellt? Vergleicht den heiligen Martin mit dem Bettler. Was fällt euch in der Darstellung der beiden Personen auf?

Arbeitsauftrag für den kreativen Malauftrag (Materialien: **M 4c**): Das kreative Malen kann auch als Hausaufgabe aufgegeben werden. Um die Ergebnisse dennoch für den Unterricht fruchtbar zu machen, kann in der folgenden Stunde eine »Ausstellung« der kreativen Ergebnisse des Malens im Klassenzimmer durchgeführt werden.

Mögliche Vorgehensweise: Die einzelnen Bilder werden im Klassenzimmer ausgestellt. In einem ersten Schritt betrachtet jede Schülerin/jeder Schüler die Kunstwerke für sich. Im Anschluss daran werden die Darstellungen, welche die Schülerinnen und Schüler in besonderer Weise angesprochen haben, thematisiert, um dadurch über die Problematik hilfsbedürftiger Menschen heute ins Gespräch zu kommen. Die Ergebnisse des kreativen Malens werden anschließend im Klassenzimmer oder im Schulgebäude ausgestellt.

Baustein 4:
Die Schatzkammer – das »Schmankerl« zum Schluss

Diese Phase kann je nach Lerngruppe und Vorbereitung des Lerngangs unterschiedlich gestaltet werden. Der Besuch der Schatzkammer soll jedoch v.a. für eigene Entdeckungen und Interessen der Schülerinnen und Schüler offen sein.

Möglichkeit 1: Die Schülerinnen und Schüler erkunden eigenständig die Schatzkammer. Die besondere Faszination, die von den wertvollen Exponaten ausgeht, führt auch ohne weitere Erläuterungen zu Nachfragen und bleibenden Eindrücken.

Möglichkeit 2: Eine andere Möglichkeit bieten die im Vorraum der Schatzkammer ausgestellten Reliquiengläser und das in der Schatzkammer ausgestellte Reliquiar aus Ennabeuren (Erläuterungen hierzu auf den Hinweistafeln im Diözesanmuseum).

In einer dem Lerngang vorausgehenden Unterrichtsstunde könnte das Thema »Heilige, Märtyrer und Reliquien« (vgl. Seite 29f) behandelt werden.

II. Eine »Forschungsexpedition« in eine Kirche und zu Zeichen am Weg

Vorbemerkungen

Auch die folgenden Unterrichtsvorschläge stehen unter dem besonderen Aspekt eigenständiger »Erforschungen«, wie schon aus dem Titel »Suchen und Entdecken von Zeugnissen des christlichen Glaubens in unserer Heimat« deutlich wird. Um die Schülerinnen und Schüler in besonderer Weise zu Entdeckungen in ihrem Heimatort zu motivieren, kann in der ersten Stunde der Unterrichtseinheit eine spezielle »Forschermappe« mit eigener Identifikationsnummer angelegt werden (z.B. Name, Geburtsdatum und Klasse als Zahlenkombination), in der im weiteren Verlauf alle Materialien gesammelt werden.

Baustein 5:
Erste Entdeckungen von Zeugnissen des christlichen Glaubens mit Hilfe eines Orts- / Stadtplans

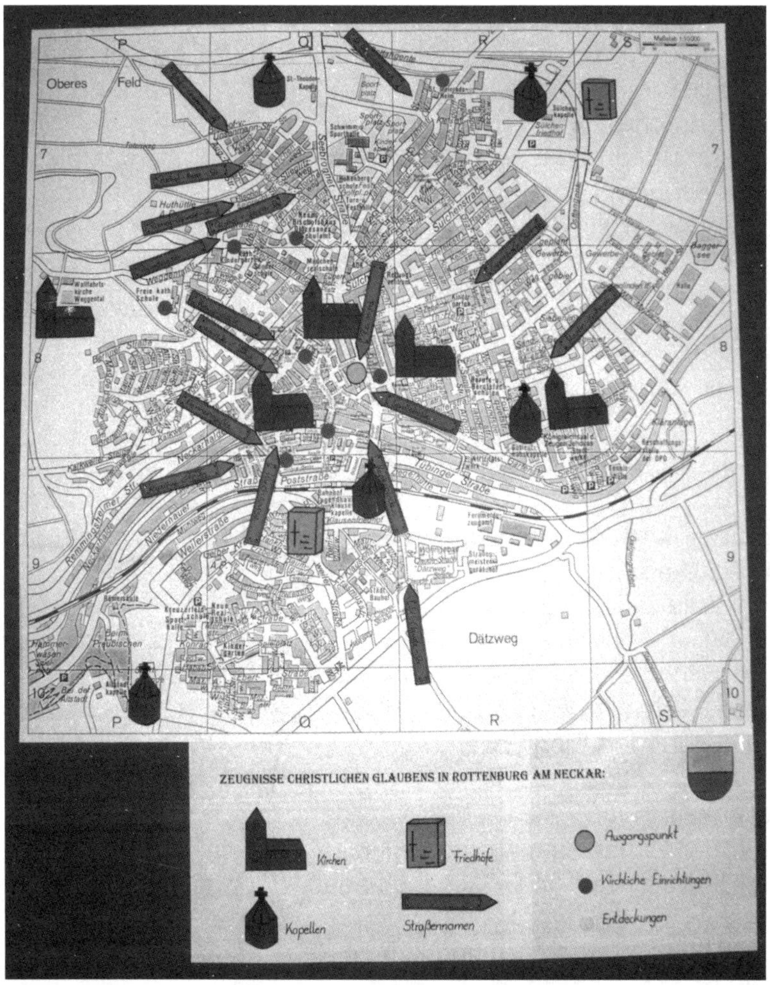

Materialien: **M 5 a–c** Comic (Orts-, Kirchennamen usw. verändern); **M 6a/b** Stadtplan mit Arbeitsauftrag (entsprechenden Orts- / Stadtplan einfügen, auf DIN-A3 vergrößern), großer Orts- / Stadtplan als Wandkarte; verschiedenfarbige Symbole für Kirche, Kapelle, Friedhof, Wegkreuz, Bildstock usw. (s. Foto links).

Durch den – in diesem Fall – auf Rottenburg zugeschnittenen Comic (**M 5 a–c**) wird die Kerze »Zündius« als »wissenschaftlicher Assistent« für die Erforschung des Ortes eingeführt. Diese Kerze begleitet die gesamte Unterrichtseinheit und dient als integrierende und motivierende Identifikationsfigur für die Schülerinnen und Schüler. Sie taucht auf jedem Material auf, stellt Fragen, formuliert Arbeitsaufträge und gibt hilfreiche Informationen, um die jeweilige Aufgabenstellung zu bearbeiten.

M 6a/b führt mit Hilfe von Zündius zu den ersten Erkundungen: Die Schülerinnen und Schüler werden zu eigenständigen Entdeckungen von Zeugnissen des christlichen Glaubens mit Hilfe eines Orts- bzw. Stadtplanes angeleitet. In der Auswertung des Arbeitsauftrages werden **M 6a/b** durch eine Wandkarte des Stadtplans ergänzt, an der die Schülerinnen und

Schüler mit Hilfe von Symbolen (verschiedenfarbig: Kirche, Kapelle, Straßenname, Friedhof usw.) die Ergebnisse des Arbeitsauftrages markieren (s. Foto S. 28). Die Symbole führen gleichzeitig zu einer Systematisierung der Schülerentdeckungen. Die Wandkarte dient im weiteren Verlauf der Unterrichtseinheit dazu, alle weiteren Entdeckungen hier einzutragen, um den jeweiligen Stand der »Forschung« zu visualisieren und zu referieren.

Um die Schülerinnen und Schüler in besonderer Weise zu eigenständigen Entdeckungen anzuregen, bietet es sich an, in der ersten Stunde eine Hausaufgabe aufzugeben, in der sie die Möglichkeit haben, eigenständig ein Zeugnis des christlichen Glaubens ihrer Heimatstadt auszuwählen, zu beschreiben und selbständig zu erforschen, um dieses in der Form eines Forschungsberichtes zu einem späteren Zeitpunkt der Unterrichtseinheit der ganzen Klasse zu präsentieren (s. Baustein 7: Zeichen am Weg).

M 6a/b dienen als Hausaufgabe zur Vorbereitung der Forschungsexpedition in die Morizkirche. Die Schülerinnen und Schüler verfestigen durch die spielerische Herangehensweise des Rätselspiels bereits Bekanntes und werden für den bevorstehenden Lerngang in besonderer Weise motiviert, da die einzelnen Ergebnisse der Fragen den Weg zur Morizkirche weisen. Die Lösungen lauten: a) Eugen-Bolz-Gymnasium, b) Sprollstraße, c) Reiserstraße, d) Rotes Meer, e) Judengässle, f) Josef-Eberle-Brücke, g) Kirchgasse, *Lösungswort:* St.-Moriz-Kirche.

Baustein 6:
»Forschungsexpedition« in eine Kirche
am Beispiel der Morizkirche in Rottenburg

Vorbereitungsstunde: Heilige, Märtyrer und Reliquien (Materialien: Gegenstände, die den Schülern »heilig« sind): Als Einstieg für die Stunde über »Heilige, Märtyrer und Reliquien« bringen die Schülerinnen und Schüler einen Gegenstand mit, der ihnen »heilig« ist. In der Auseinandersetzung mit ihrem persönlichen »Heiligtum«, das als Partnergespräch stattfindet, werden sie, ausgehend von der Bedeutung eines persönlichen Erinnerungszeichens, zu einem Verständnis von Reliquien geführt. Die Ergebnisse des Partnergespräches werden an der Tafel festgehalten (vgl. TA 1).

Im Anschluss daran wird der Begriff »Reliquien« geklärt und an der Tafel fixiert (vgl. TA 2).

M 7 »Heilige, Märtyrer und Reliquien« wird danach mit den Schülerinnen und Schülern im Unterrichtsgespräch erarbeitet und dient als Grundlage für das Verständnis für Reliquienverehrung.

Im anschließenden Unterrichtsgespräch werden die Gemeinsamkeiten zwischen den persönlichen Heiligtümern der Schülerinnen und Schüler und den Reliquien herausgestellt, die Bedeutung von Reliquien für uns heute erarbeitet und die Ergebnisse an der Tafel gesichert (vgl. TA 3 und 4).

Möglicher Tafelanschrieb:

Heilige, Märtyrer und Reliquien	
TA 1	**TA 2**
Mein persönliches Heiligtum – erzählt etwas darüber, was mir im Leben wichtig ist – erinnert an liebe Menschen oder wichtige Ereignisse	*Reliquien: Heiligtümer der Kirche* *Reliquien sind:* Körperliche Überreste (z.B. Knochenteile) eines Heiligen, seiner Kleider oder Gebrauchsgegenstände

	TA 3
	Reliquien erinnern an
– ist eng mit meinem Leben verbunden – geht in seiner Bedeutung über das Materielle hinaus	– das vorbildliche Leben eines Heiligen und – die Konsequenz, mit der er seinen Glauben gelebt hat und für die Kirche eingetreten ist.
TA 4 Erinnerungszeichen an Menschen, Ereignisse, die für mein Leben wichtig sind	**TA 4** Erinnerungszeichen an Menschen, die für die Kirche wichtig sind.

»Forschungsexpedition« (Materialien: **M 8–M 14; M 7**):

Hinweis zu den Medien: Da eine Nepomukstatue sich auf unmittelbarem Weg zur Morizkirche befindet, bot es sich an, hier Station zu machen und die Statue des Heiligen Nepomuk als Zeugnis des christlichen Glaubens in ihrer Bedeutung für die Menschen kennen zu lernen. Gleichzeitig setzten sich die Schüler mit einem spezifischen Brauch ihrer Heimat am Festtag des Heiligen auseinander. Dieses exemplarische Beispiel des Heiligen Nepomuk will dazu anregen, solche und andere »Zeichen am Weg« in Lerngänge und Exkursionen mit einzubinden. Die Materialien **M 9–14** sind für den Besuch der Morizkirche in Rottenburg konzipiert worden. Sie sollen als Anregung dienen, mit Hilfe von Kirchenführern, Fotos usw. eigene Arbeitsblätter für den Besuch der jeweiligen Kirche zu gestalten.

Zunächst werden Spezialistenteams gebildet und die Materialien erklärt. In der Arbeitsphase erforschen die einzelnen Teams Teile der Kirche mit Hilfe der auf den Materialien gegebenen Arbeitsaufträge. Nach der Bearbeitung wird der entsprechende Lückentext auf **M 14** von den Spezialistenteams ausgefüllt.

Die »Forschungsergebnisse« werden in der abschließenden Auswertung im Plenum vorgetragen. Die Ergebnissicherung erfolgt auf **M 14** als »Forschungsbericht«.

In einer weiteren Phase werden die Kenntnisse der Schülerinnen und Schüler über Reliquien und ihre Verehrung durch Rückbezug auf **M 7** vertieft und veranschaulicht.

In jeder katholischen Kirche befinden sich Reliquien, zumindest im sogenannten »Reliquiengrab« des Altares. Die Reliquien bzw. das Reliquiengrab werden gemeinsam betrachtet und die Lehrerin / der Lehrer informiert über das Leben der / des Heiligen. Im Unterrichtsgespräch werden die besondere Bedeutung der / des Heiligen für die Kirche und für uns heutige Menschen herausgearbeitet.

Die Betrachtung der Reliquien in der Kirche kann die Schülerinnen und Schüler motivieren, selbst Nachforschungen über ihre Namenspatrone anzustellen. Diese werden der »Forschungsmappe« beigefügt. Dafür hilfreich können Heiligenbücher für Kinder sein (vgl. z.B. Schmitz, Namenspatrone).

Baustein 7:
Zeichen am Weg

Materialien: **M 15–M 17**; große Wandkarte, Symbole, **M 6**

M 15 wird im Unterrichtsgespräch mit den Schülerinnen und Schülern erarbeitet und informiert über die verschiedenen Zeichen des christlichen Glaubens an unseren Wegen und über deren Bedeutung.

Im Anschluss daran dialogisieren die Schülerinnen und Schüler in Partnerarbeit in einem kreativen Schreibauftrag eine fiktive Begegnung zwischen zwei Menschen an einem dieser Zeichen am Weg. Das Zeichen am Weg, welches der Ort der Begegnung sein soll, wählen die Schülerinnen und Schüler selbst aus und bereiten ihren Dialog dann zum Vortrag vor.

Möglicher Arbeitsauftrag: Stellt euch vor, zwei Menschen treffen sich an einem dieser christlichen Zeichen. Worüber könnten sie sich unterhalten? Schreibt ein Gespräch zwischen den beiden Menschen und lasst dieses an einem dieser Zeichen stattfinden.

M 16 und **M 17** führen als kreative Mal(haus)aufgabe die handlungsorientierten Elemente dieser Stunde fort und bereiten gleichzeitig eine Ausstellung der Produkte des kreativen Malens in der nächsten Stunde vor.

Die nachfolgende Stunde dient sowohl der Ausstellung der Produkte des kreativen Malens als auch der Präsentation der eigenständigen Entdeckungen, die die Schülerinnen und Schüler in ihren »Forschungsberichten« dokumentiert haben.

Die erforschten Objekte werden durch ein eigenes Symbol auf der bereits in Baustein 5 eingeführten Wandkarte von dem / der jeweiligen Schüler/in eingetragen und von allen Schülerinnen und Schülern auf **M 6a** (Orts- / Stadtplan) übertragen.

III. Wiederholung und Ergebnissicherung anhand eines Brettspiels

Vorbemerkungen

Das hier vorgestellte Brettspiel soll dokumentieren, inwieweit Brettspiele für das Unterrichtsgeschehen zur Ergebnissicherung oder Wiederholung für eine Klassenarbeit eingesetzt werden können.

Durch die Anbindung der Planung und Entstehung eines Spieles an den vorausgegangenen Unterrichtsprozess werden neben den kognitiven Fähigkeiten durch die Einbeziehung spielerisch-kreativer, handlungsorientierter und kooperativ-kommunikativer Elemente Einzelaktivitäten und Gruppenprozesse gefördert. Ziel ist es, sowohl die Eigenverantwortung als auch die Fähigkeit zu gemeinsamen Entscheidungen zu stärken, die Reorganisation und den Transfer von bereits angeeignetem Wissen und darüber hinaus eine Synthese von begrifflichem und bildhaft-plastischem Denken zu leisten.

Für eine Anfängergruppe wäre es sinnvoll, mit vorgefertigtem Material einzusteigen. Dieses Material kann dann die Grundlage und den Leitfaden für gemeinsame Gestaltung eines Brettspieles bilden. Denkbar wäre hier die Gestaltung eines durch den Lehrer vorstrukturierten Spielplans durch die Schülerinnen und Schüler. Dieser vorstrukturierte Spielplan könnte, wie in **M 19** exemplarisch gezeigt, aus einer Stadtkarte der jeweiligen Heimatstadt und aus den verschiedenen während des Unterrichtsprozesses in Exkursionen und Lerngängen »erforschten« Zeugnissen des christlichen Glaubens bestehen. Die Schülerinnen und Schüler können diesen Spielplan dann durch Bildelemente der einzelnen Zeugnisse und nach eigenen Vorstellungen kreativ gestalten. Möglich ist auch, zusätzliches Bildmaterial als Vorlage zur Verfügung zu stellen. Im weiteren Verlauf können die Regeln und die Spielidee entweder von den Schülerinnen und Schülern in Gruppenarbeit eigenständig entwickelt oder, wie in **M 18** exemplarisch aufgezeigt, vom Lehrer vorgegeben werden. Die Aufgaben und Fragen für das Spiel ergeben sich aus dem im Unterrichtsprozess erarbeiteten Lernstoff und können z.B. wie in **M 20** als Frage- und Antwortkarten von den Schülerinnen und Schülern in Kleingruppen zu einzelnen Themenbereichen erarbeitet und gestaltet werden.

Bei einer fortgeschrittenen Lerngruppe ist es sinnvoll, dass diese die Erarbeitung von Spielplan, Spielidee, Spielregeln und die gesamte Durchführung zur Gestaltung des Brettspiels selbständig in die Hand nimmt. In Gruppenarbeit können die verschiedenen Themenbereiche der Unterrichtseinheit erarbeitet werden. In diesem ersten Schritt wird der für das Spiel aufzuarbeitende Lernstoff gesichtet, um für das Spiel geeignete Elemente der einzelnen Themenbereiche auszuwählen. In einem zweiten Schritt werden dann in einem Gespräch im Plenum die einzelnen Themenbereiche und Spielideen der jeweiligen Gruppen vorgestellt. Gemeinsam wird dann eine Spielidee entwickelt, der Lernstoff der einzelnen Themenbereiche den jeweiligen Spielstationen angepasst und anhand dieser Absprachen gemeinsam ein Spiel erstellt.

Literatur

Bilger, Herbert, Rottenburg am Neckar, Bilder einer Stadt, hg. v. der Stadt Rottenburg am Neckar, Weißenhorn 1974.

Degen, Roland / Hansen, Inge, Lernort Kirchenraum, Erfahrungen – Einsichten – Anregungen, Münster / New York / München / Berlin 1998.

Fichtl, Friedemann, Der Teufel sitzt im Chorgestühl, Ein Begleitbuch zum Entdecken und Verstehen alter Kirchen und ihrer Bilderwelt, ^{2}1990.

Goecke-Seischab, Margarete Luise / Ohlemacher, Jörg, Kirchen erkunden, Kirchen erschließen, Ein Handbuch mit über 300 Sachzeichnungen und Übersichtstafeln sowie einer Einführung in die Kirchenpädagogik, Lahr / Kevelaer 1998.

Heiliges Unterwegs, Zwischen Teddybär und Kreuz, Heiligtümer von Kindern und Jugendlichen, Eine Arbeitshilfe, hg. v. Abteilung Kirchliche Jugendarbeit in der Hauptabteilung Gemeindearbeit des Bischöflichen Generalvikariates Aachen, Aachen 1992.

Halbfas, Hubertus, Religionsunterricht in Sekundarschulen, Lehrerhandbuch 5, Düsseldorf 1992.

Halbfas, Hubertus, Wurzelwerk, Geschichtliche Dimensionen der Religionsdidaktik, Düsseldorf 1989.

Jendorff, Bernhard, Identitätsfindung im Kirchengeschichts-Unterricht, Religionspädagogische Grundlinie, in: Katechetische Blätter, Zeitschrift für Religionsunterricht, Gemeindekatechese, Kirchliche Jugendarbeit, 119. Jahrgang 1994, hg. vom Deutschen Katechetenverein e.V. und der Arbeitsstelle für Jugendseelsorge der Deutschen Bischofskonferenz, München 1994, S. 528–534.

Jendorff, Bernhard, Kirchengeschichte wieder gefragt!, Didaktische und methodische Vorschläge für den Religionsunterricht, München 1982.

Jendorff, Bernhard, Kirchengeschichtsdidaktische Grundregeln, in: rhs, Religionsunterricht an höheren Schulen, Kirchengeschichte – aufbauendes Lernen, 38. Jahrgang Heft 5 / 95, Düsseldorf 1995, S. 282–290.

Kall, Alfred, Kirchenjahr und Brauchtum, Materialbuch für den Religionsunterricht, München 1988.

Kliemann, Peter, Impulse und Methoden, Anregungen für die Praxis des Religionsunterrichts, Stuttgart 1997.

Kliemann, Peter, Gruppenarbeit im RU, in: Entwurf 3/92, Religionspädagogische Mitteilungen, hg. von der Fachgemeinschaft evangelischer Religionslehrerinnen und Religionslehrer in Württemberg e.V. und vom Fachverband evangelischer Religionslehrerinnen und Religionslehrer in Baden e. V. Stuttgart 1992, S. 47–50.

Kurz, Helmut / Pflumm, Helmut, Einheit und Verschiedenheit im Glauben: Katholisch, evangelisch, orthodox, Unterrichtshilfen Gymnasium, Institut für Religionspädagogik der Erzdiözese Freiburg, 1997

Küstenmacher, Werner, Tikis Evangelisch-Katholisch-Buch: Zusammen sind wir unschlagbar, Augsburg / Stuttgart 1996.

Manz, Dieter, Die ehemalige Stiftskirche St. Moriz in Rottenburg-Ehingen, hg. v. Katholischen Pfarramt St. Moriz, Rottenburg-Ehingen, Rottenburg a.N. 1975.

Manz, Dieter, Die Gotteshäuser in der Katholischen Kirchengemeinde St. Moriz in Rottenburg-Ehingen, hg. v. Katholischen Pfarramt St. Moriz, Rottenburg-Ehingen ^{2}1989.
Manz, Dieter, Flurdenkmale im Rottenburger Land, hg. v. Sülchgauer Altertumsvereine e.V., Tübinger Chronik e.G., Tübingen / Rottenburg a.N. 1989.
Manz, Dieter, Kleine Rottenburger Stadtgeschichte, Von den Anfängen bis zum Jahr 1987, hg.v. der Stadt Rottenburg am Neckar, Rottenburg a.N. 1988.
Manz, Dieter, Rottenburg am Neckar 1865–1965, Bilder aus einer alten Stadt, Horb a.N. 1986.
Manz, Dieter, Rottenburger Miniaturen, Aus den Veranstaltungskalendern 1983–1988, hg. v. der Stadt Rottenburg am Neckar, Rottenburg a.N. 1991.
Manz, Dieter, Sehenswertes Rottenburg, hg. v. der Stadt Rottenburg am Neckar, Rottenburg a.N. 1990.
Münch-Labacher, Gudrun, Kirchengeschichtsdidaktik, Überlegungen zur Aktualisierung der Diskussion, in: Religionspädagogische Beiträge 34/1994, hg. v. der Arbeitsgemeinschaft katholischer Katechetik-Dozenten, Darmstadt, S. 107–118.
Reinhardt, Rudolf / Polonyi, Andrea, Die Kirche in der Diözese Rottenburg-Stuttgart, Von der Christianisierung bis in die Gegenwart, I. Die frühe Zeit, Neuried 1989.
Rendle, Ludwig u.a., Ganzheitliche Methoden im Religionsunterricht, Ein Praxisbuch, München 1996.
Schmitz, Hans Josef, Von heiligen Menschen, Leben, Texte und Geschichten unserer Namenspatrone, Mainz 1979.
Stadtplan, Rottenburg am Neckar, 19. Auflage, Städteverlag E.v. Wagner und J. Mitterhuber GmbH, Fellbach bei Stuttgart.
Waibel, Raimund, Museen des Landes: Das Diözesanmuseum in Rottenburg, in: Schwäbische Heimat, 2/1999, S. 175–188.

M 1

Kunstraub im Diözesanmuseum?

Wie ich eben aus der Zeitung erfahren habe, ist ein Bild aus dem Diözesanmuseum in Rottenburg als Briefmarke in dem arabischen Emirat Ajman aufgetaucht. Dieses kleine Scheichtum, das nur aus einer Siedlung am persischen Golf und einigen Palmengärten besteht, gehört seit 1971 zu den Vereinigten Arabischen Emiraten. Der Bildausschnitt, der auf der Briefmarke dargestellt ist, gehört zu einem Briefmarkenblock mit 16 Briefmarken, die alle berühmte Gemälde zeigen, die das Leben Jesu zum Thema haben. Obwohl es nichts Ungewöhnliches ist, daß kleine Staaten ihre Briefmarken mit weltberühmten Kunstwerken schmücken, um sie so für Briefmarkensammler aus aller Welt attraktiv zu machen, bin ich doch besorgt, ob das Bild nicht doch aus dem Diözesanmuseum gestohlen wurde. Euer Forschungsauftrag lautet: Versucht herauszufinden, ob das Bild gestohlen wurde, von dem ein Bildausschnitt auf der Briefmarke in der Mitte dargestellt ist. Solltet Ihr das Bild finden, markiert seinen Fundort bitte auf dem Lageplan von Material 2, so wie es am Beispiel des Mantelteilungsbildes vom Heiligen Martin gezeigt wird. Viel Erfolg bei der Aufklärung des Kunstraubs!

M 2

Grundriß des Diözesanmuseums

Tragt auf den Grundriß des Diözesanmuseums die Fundorte der einzelnen Bilder, Figuren und sonstigen Darstellungen ein. Markiert sie so, wie es am Beispiel des Martinusbildes gezeigt wird.

Erdgeschoß

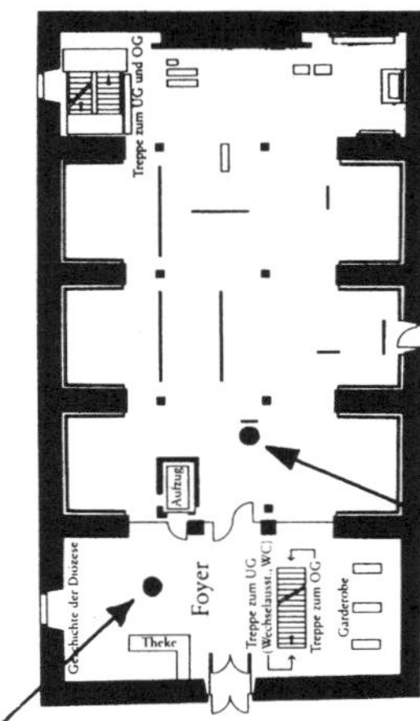

Martinusbild

Ausgangspunkt

Obergeschoß

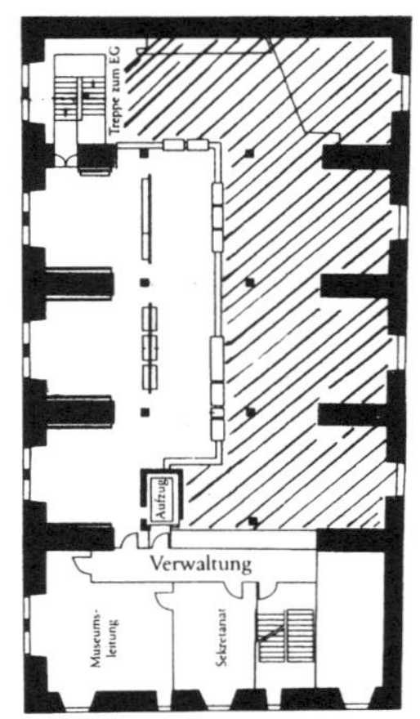

Grundriß:
Prof. Dr. Eckehard Janofske

Wichtige Ereignisse aus dem Leben Jesu

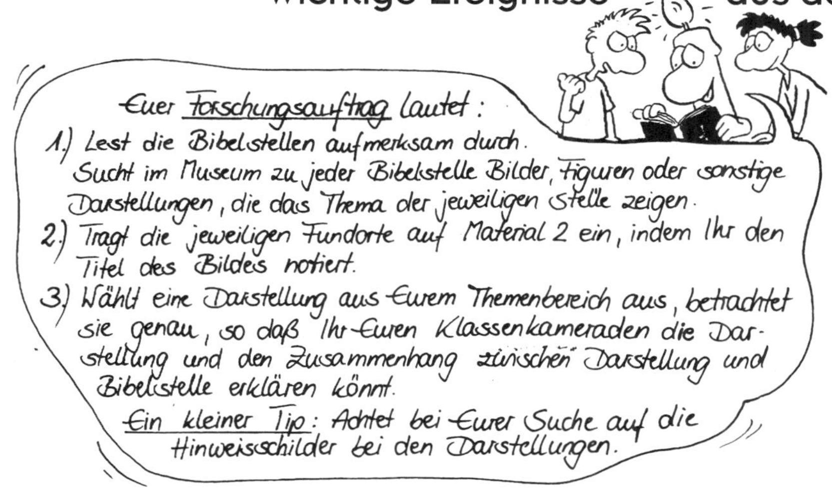

Text 1: Weihnachten – Geburt Jesu (Lk 2,1–7)

1 In jenen Tagen erließ Kaiser Augustus den Befehl, alle Bewohner des Reiches in Steuerlisten einzutragen. 2 Dies
geschah zum erstenmal; damals war Quirinius Statthalter von Syrien. 3 Da ging jeder in seine Stadt, um sich ein-
tragen zu lassen.
4 So zog auch Josef von der Stadt Nazaret in Galiläa hinauf nach Judäa in die Stadt Davids, die Betlehem heißt;
denn er war aus dem Haus und Geschlecht Davids. 5 Er wollte sich eintragen lassen mit Maria, seiner Verlobten,
die ein Kind erwartete. 6 Als sie dort waren, kam für Maria die Zeit ihrer Niederkunft, 7 und sie gebar ihren Sohn,
den Erstgeborenen. Sie wickelte ihn in Windeln und legte ihn in eine Krippe, weil in der Herberge kein Platz für
sie war.

Text 2: Palmsonntag – Einzug in Jerusalem (Mt 21,1–11)

1 Als sich Jesus mit seinen Begleitern Jerusalem näherte und nach Betfage am Ölberg kam, schickte er zwei Jünger
voraus 2 und sagte zu ihnen: Geht in das Dorf, das vor euch liegt; dort werdet ihr eine Eselin angebunden finden
und ein Fohlen bei ihr. Bindet sie los, und bringt sie zu mir! 3 Und wenn euch jemand zur Rede stellt, dann sagt:
Der Herr braucht sie, er läßt sie aber bald zurückbringen.
4 Das ist geschehen, damit sich erfüllte, was durch den Propheten gesagt worden ist:
5 Sagt der Tochter Zion: Siehe, dein König kommt zu dir. Er ist friedfertig, und er reitet auf einer Eselin und auf
einem Fohlen, dem Jungen eines Lasttiers.
6 Die Jünger gingen und taten, was Jesus ihnen aufgetragen hatte. 7 Sie brachten die Eselin und das Fohlen, leg-
ten ihre Kleider auf sie, und er setzte sich darauf. 8 Viele Menschen breiteten ihre Kleider auf der Straße aus, an-
dere schnitten Zweige von den Bäumen und streuten sie auf den Weg. 9 Die Leute aber, die vor ihm hergingen
und die ihm folgten, riefen: Hosanna dem Sohn Davids! Gesegnet sei er, der kommt im Namen des Herrn. Hosanna
in der Höhe!
10 Als er in Jerusalem einzog, geriet die ganze Stadt in Aufregung, und man fragte: Wer ist das? 11 Die Leute sag-
ten: Das ist der Prophet Jesus von Nazaret in Galiläa.

Texte aus: Einheitsübersetzung der Heiligen Schrift.

Text 3: Karfreitag – Begräbnis Jesu (Mk 15,42–47)

42 Da es Rüsttag war, der Tag vor dem Sabbat, und es schon Abend wurde, 43 ging Josef von Arimathäa, ein
vornehmer Ratsherr, der auch auf das Reich Gottes wartete, zu Pilatus und wagte es, um den Leichnam Jesu
zu bitten. 44 Pilatus war überrascht, als er hörte, daß Jesus schon tot sei. Er ließ den Hauptmann kommen und
fragte ihn, ob Jesus bereits gestorben sei. 45 Als der Hauptmann ihm das bestätigte, überließ er Josef den
Leichnam. 46 Josef kaufte ein Leinentuch, nahm Jesus vom Kreuz, wickelte ihn in das Tuch und legte ihn in
ein Grab, das in einen Felsen gehauen war. Dann wälzte er einen Stein vor den Eingang des Grabes. 47 Maria
aus Magdala aber und Maria, die Mutter des Joses, beobachteten, wohin der Leichnam gelegt wurde.

Text 4: Ostern – Der Auferstandene (Mt 28,1–10)

1 Nach dem Sabbat kamen in der Morgendämmerung des ersten Tages der Woche Maria aus Magdala und
die andere Maria, um nach dem Grab zu sehen. 2 Plötzlich entstand ein gewaltiges Erdbeben; denn ein Engel
des Herrn kam vom Himmel herab, trat an das Grab, wälzte den Stein weg und setzte sich darauf. 3 Seine
Gestalt leuchtete wie ein Blitz, und sein Gewand war weiß wie Schnee. 4 Die Wächter begannen vor Angst
zu zittern und fielen wie tot zu Boden. 5 Der Engel aber sagte zu den Frauen: Fürchtet euch nicht! Ich weiß,
ihr sucht Jesus, den Gekreuzigten. 6 Er ist nicht hier; denn er ist auferstanden, wie er gesagt hat. Kommt her
und seht euch die Stelle an, wo er lag. 7 Dann geht schnell zu seinen Jüngern und sagt ihnen: Er ist von den
Toten auferstanden. Er geht euch voraus nach Galiläa; dort werdet ihr ihn sehen. Ich habe es euch gesagt.
8 Sogleich verließen sie das Grab und eilten voll Furcht und großer Freude zu seinen Jüngern, um ihnen die
Botschaft zu verkünden.
9 Plötzlich kam ihnen Jesus entgegen und sagte: Seid gegrüßt! Sie gingen auf ihn zu, warfen sich vor ihm nie-
der und umfaßten seine Füße. 10 Da sagte Jesus zu ihnen: Fürchtet euch nicht! Geht und sagt meinen Brüdern,
sie sollen nach Galiläa gehen, und dort werden sie mich sehen.

Text 5: Christi Himmelfahrt (Apg 1,4–11)

4 Beim gemeinsamen Mahl gebot er ihnen: Geht nicht weg von Jerusalem, sondern wartet auf die Verheißung
des Vaters, die ihr von mir vernommen habt. 5 Johannes hat mit Wasser getauft, ihr aber werdet schon in we-
nigen Tagen mit dem Heiligen Geist getauft. 6 Als sie nun beisammen waren, fragten sie ihn: Herr, stellst du
in dieser Zeit das Reich für Israel wieder her? 7 Er sagte zu ihnen: Euch steht es nicht zu, Zeiten und Fristen
zu erfahren, die der Vater in seiner Macht festgesetzt hat. 8 Aber ihr werdet die Kraft des Heiligen Geistes
empfangen, der auf euch herabkommen wird; und ihr werdet meine Zeugen sein in Jerusalem und in ganz
Judäa und Samarien und bis an die Grenzen der Erde.
9 Als er das gesagt hatte, wurde er vor ihren Augen
emporgehoben, und eine Wolke nahm ihn auf
und entzog ihn ihren Blicken. 10 Während sie
unverwandt ihm nach zum Himmel em-
porschauten, standen plötzlich zwei
Männer in weißen Gewändern bei ihnen 11
und sagten: Ihr Männer von Galiläa, was
steht ihr da und schaut zum Himmel empor?
Dieser Jesus, der von euch ging und in den
Himmel aufgenommen wurde, wird ebenso
wiederkommen, wie ihr ihn habt zum Himmel
hingehen sehen.

M 4a

Mantelspende des heiligen Martin, oberdeutsch, um 1440, Diözesanmuseum Rottenburg, Karmeliterstraße 9, 72108 Rottenburg / Neckar, Tel. 07472 / 922 180.
Unter dieser Adresse können auch eine Farbfolie des Bildes sowie weitere Farbfolien zu Martin von Tours (inkl. Begleitheft mit zahlreichen methodischen Anregungen) bezogen werden.

M 4c

Die Mantelteilung des heiligen Martin

Mantelspende des heiligen Martin, oberdeutsch, um 1440, Diözesanmuseum Rottenburg (Ausschnitt).

Mantelspende des heiligen Martin, oberdeutsch, um 1440, Diözesanmuseum Rottenburg

M 4b

Bildbeschreibung

Kunst- und stilgeschichtlich steht diese Tafel am Übergang vom Stil der internationalen Gotik, auch »weicher Stil« genannt, zum Realismus des »harten Stils« am Beginn des zweiten Drittels des 15.Jahrhunderts. Der Fortschritt der Mal- und Sehweise wird sichtbar an Tendenzen der »Verhässlichung« der Gestalten, wie bei der Figur des Bettlers, am Sinn für Differenzen im Stofflichen und Materiellen, an ersten Ansätzen, Landschaft ins Bild zu bringen.

Allein durch die Komposition, durch den formalen Aufbau des Bildes hat der anonyme Urheber dieses Tafelbildes, das aus einem größeren Altarschrein stammt, eine inhaltliche Vertiefung und Entfaltung des Schlüsselereignisses der Martinslegende, der Mantelspende, ermöglicht. Der Maler hat das Geschehen entlang der Diagonalen, die von rechts unten nach links oben führt, ins Bild gesetzt. Dabei dient ihm der Mantel als Augenführung, als Verbindungsstück zwischen unten und oben, zwischen Irdischem und Himmlischem, zwischen dem Bettler und Christus.

Legenden haben immer einen katechetischen Hintergrund. Nicht zuletzt geht es bei der Mantelszene um eine Exemplifikation, um einen Aufweis, dass die Forderungen des Evangeliums in den Alltag, ins wirkliche Leben umgesetzt werden können. Die Ausgangsbasis bildet das 25. Kapitel des Matthäus-Evangeliums mit seiner Endgerichts-Vision, wo Christus sagt: »Ich war hungrig, und ihr gabt mir zu essen; ich war durstig, und ihr gabt mir zu trinken ... ich war nackt, und ihr habt mich bekleidet ... was ihr dem Geringsten meiner Brüder getan habt, das habt ihr mir getan« (Mt 25,35–40).

Dieser Kontext wird auch in diesem Bild mittels des Schriftbandes direkt hergestellt. Der lateinische Text des Schriftbandes »Martinus adhuc katechumenus hac veste me contexit« (»Martin, zu dieser Zeit noch Katechumene«, d.h. noch ungetauft, erst in der Taufvorbereitung stehend, »hat mich mit diesem Gewand bekleidet«) ist ein wörtliches Zitat aus Sulpicius Severus. Es ist das Wort, das Christus in der Traumvision nach der Mantelteilung spricht. Darin liegt auch seine Auszeichnung, es ist »Wort Gottes«, zumal es mit »me contexit« (er hat mich bekleidet) einen wörtlichen Anklang an die Vulgata-Übersetzung der Heiligen Schrift enthält.

Drastisch stellt der Künstler den »Geringsten der Brüder« dem Betrachter vor Augen, in dem in der unteren Ecke vor dem angedeuteten Stadttor kauernden Mann. Er kann sich gar nicht mehr auf die Beine stellen, es fehlen ihm beide Füße. Die bandagierten Unterschenkel, die roten Flecken im Gesicht und die Umhängetasche, typisch in jener Zeit für die Taschen der Feldsiechen, lassen ihn als Leprosen, als Aussätzigen erkennen. Diese mussten vor den Toren der Stadt, in den Feldsiechenhäusern, den Quarantänestationen des Mittelalters und der Neuzeit wohnen. Mit der Gestalt eines Leprakranken, mit dem Martin hier seinen Mantel teilt, wird zugleich vorgegriffen auf eine spätere Begegnung des späteren Bischofs von Tours an einem Stadttor, auf sein Zusammentreffen mit einem Aussätzigen am Stadttor von Paris.

Nur mühselig auf Beinschienen und Krücken kann sich der Bettler fortbewegen. Martin hingegen sitzt hoch zu Ross auf einem edlen Pferd, einem Schimmel. Seine Kleidung, ein golddurchwirktes, pelzverbrämtes Gewand, macht ihn als Reichen kenntlich. Die Gegensätze könnten kaum schärfer formuliert werden. Weit oben, fern in einer Wolkenkrause erscheint die Gestalt Christi, wie er eben, gleichzeitig mit dem Bettler den Mantel entgegen nimmt. Es ist das Werk der Barmherzigkeit, das die beiden weit entfernten Bereiche miteinander verknüpft, es ist der geteilte Mantel, der die Brücke vom Diesseits zum Jenseits schlägt. Martin wird später Bischof. Bischof heißt auf lateinisch »Pontifex«, d.h. Brückenbauer.

Die kompositorische Stärke dieses Bildes liegt darin, die in der ikonographischen Tradition getrennt dargestellten Ereignisse der Mantelspende und der Traumvision in einem Bild vereinigt zu haben und dabei den Mantel, als Bindeglied entdeckt zu haben. Der Mantel fungiert, um es noch einmal anders auszudrücken, als Gleichheitszeichen und zieht die Gleichung zwischen dem Bettler und Christus. Der Aufbau entlang der Diagonalen gibt dabei dem ganzen eine ambivalente Struktur. Denn der Mantel als Augenführung lenkt den Blick nicht nur hinauf zu Christus, auch umgekehrt wird die Betrachtung von oben, von Christus beginnend, hianbgeführt. In letzterer Perspektive erscheint Christus dann nicht allein als der letztliche Empfänger des Mantels, sondern als der Geber und der Spender und damit der Heilige gewissermaßen als der verlängerte Arm der Barmherzigkeit Gottes.

Wolfgang Urban

M 5a

Hey, wie sieht's aus- sollen wir gemeinsam Rottenburg erkunden?
Weiß nicht?
Zu zweit macht das bestimmt total viel Spaß!
Okay, ich bin dabei!
Komm, wir gehen mal in diese Kirche rein.
Au ja, da war ich noch nie drin. Vielleicht entdecken wir ja was!
KATHOLISCHE KIRCHE ST. MORIZ
Puh, ganz schön kalt hier drinnen!
Ich glaube, da ist gerade Gottesdienst. Ich sehe Kerzen brennen.

M 5b

Meine Oma zündet immer Kerzen an, wenn sie Gott um etwas bittet.
Ich will auch eine anzünden.
Hoppsala, die kosten ja was.
Ich koste nix!
KERZE DM 1.-
Hast du was gesagt?
Ich? Nein.
Aber ich!
KERZE DM 1.-
Hä? Eine Kerze die spricht??
Na klar kann ich sprechen! Nun holt mich schon hier raus.
Kann ich euch irgendwie behilflich sein?
Wir wollten Rottenburg erforschen. Kennst du dich hier vielleicht aus?
Logisch! Endlich jemand, dem ich alles erzählen kann, was ich weiß!

Heilige sind Frauen und Männer, die in ihrem Leben in besonderer Weise das verwirklicht haben, was Jesus uns vorgelebt hat. Sie haben durch ihren Glauben und ihr Leben Menschen so tief bewegt, daß sie über ihren Tod hinaus in Erinnerung geblieben sind. Auch heute noch sind sie Vorbilder des Glaubens und Zeichen der Nähe Gottes in der Welt. Manche Menschen waren sogar bereit, für ihren Glauben zu sterben. Man nennt sie „Märtyrer", was soviel heißt wie Blutzeuge. Ein Märtyrer „bezeugt" seinen Glauben, obwohl er weiß, daß er dafür getötet werden kann. Zu allen Zeiten gibt es Menschen, die trotz Verfolgung und Unterdrückung für ihren Glauben eingestanden und gestorben sind. Wegen ihres Mutes und ihrer Treue zu Jesus werden sie als Heilige verehrt.

Märtyrer („Blutzeuge")
Jemand, der bereit ist, für seinen Glauben zu sterben.

Die ersten Christen wurden wegen ihres Glaubens verfolgt. Damals gab es unterirdische Friedhöfe, die „Katakomben". Dort begruben die ersten Christen ihre Toten und auch ihre Märtyrer. Die Gräber der Märtyrer wurden von Anfang an besonders verehrt. Denn sie waren es, die durch ihr Leben und ihren Tod Gott den Menschen nahe gebracht haben und so Gott und die Menschen, Himmel und Erde miteinander verbunden haben.
Darum errichteten die ersten Christen auf den Gräbern der Märtyrer Altäre und feierten darauf gemeinsam Gottesdienst. Noch heute befindet sich in jedem Altar ein sogenanntes Reliquiengrab, in das Reliquien (Überreste) von Heiligen eingelassen sind. Es erinnert an die Heiligen und Märtyrer, die mutig ihren Glauben bezeugt haben. Und es ist ein Erinnerungszeichen dafür, daß auch wir heute unseren Glauben leben sollen.

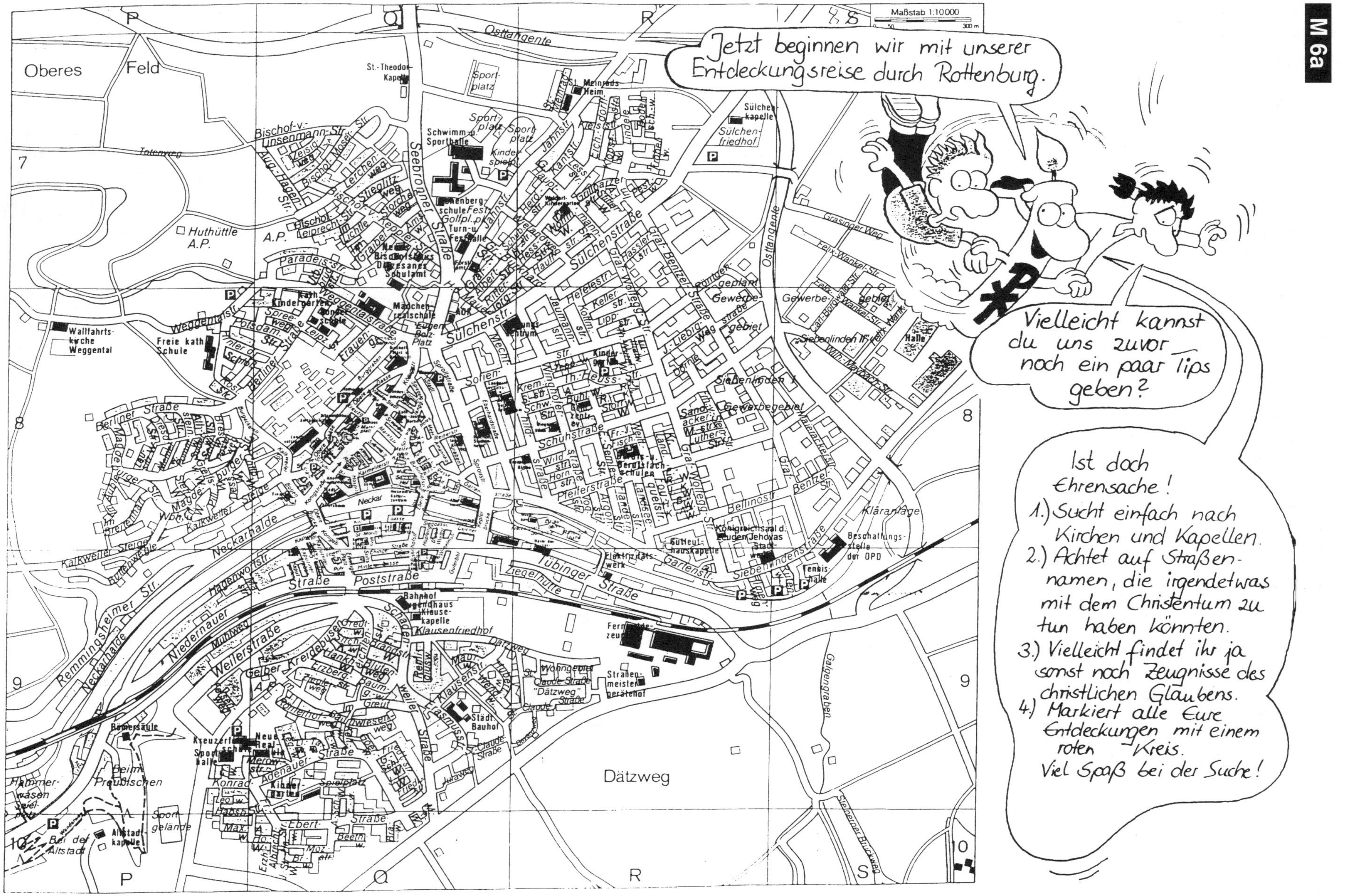

Stadtplan von Rottenburg (mit freundlicher Genehmigung des Stadtplanungsamtes Rottenburg am Neckar). © Städte–Verlag E. v. Wagner & J. Mitterhuber GmbH, Steinbeisstraße 9, 70736 Fellbach

Der Weg der Forschungsexpedition

Rätsel:

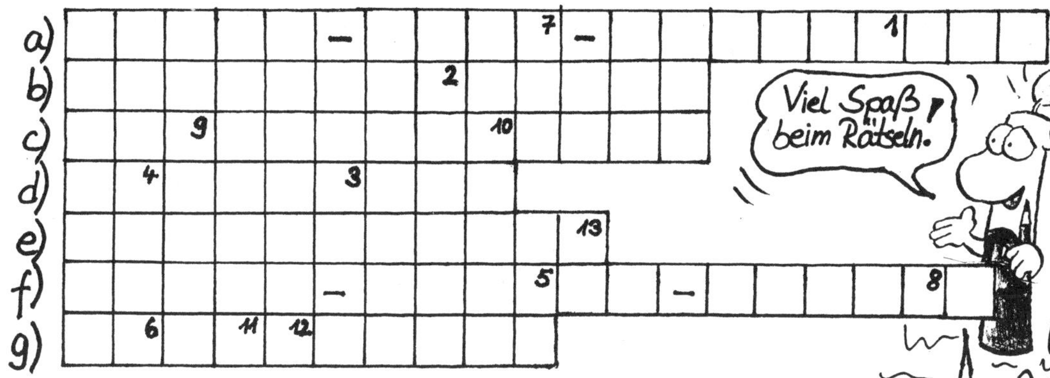

Lösungswort:

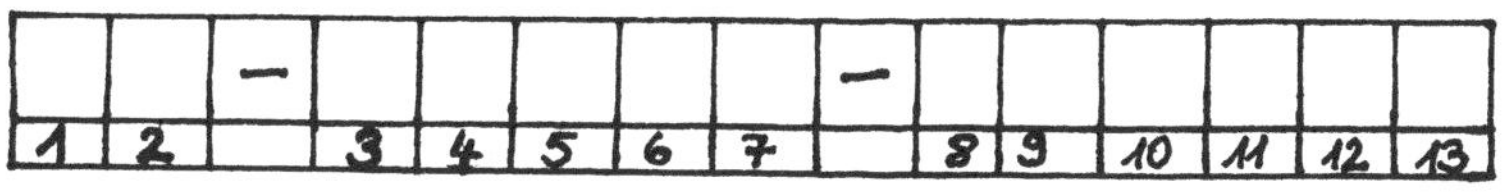

Hausaufgabe:

Findet durch das Lösen des Rätsels den Weg und das Ziel unserer Forschungsexpedition.

a) Wie heißt unsere Schule?

b) Wie heißt die Straße, die nach dem 7. Bischof der Diözese Rottenburg-Stuttgart benannt ist? (In ihr befindet sich der Ausgangspunkt unserer Expedition.)

c) Wie heißt die Straße, die nach dem 4. Bischof der Diözese Rottenburg-Stuttgart benannt ist?

d) Wie heißt die Straße, die nach einem Gewässer benannt ist, durch welches die Israeliten bei ihrem Auszug aus Ägypten gezogen sind?

e) Nach welchen Vertretern einer Religion, die wegen ihres Glaubens im 2. Weltkrieg verfolgt und ermordet wurden, ist ein "Gässle" benannt?

f) Wie heißt der richtige Name des Rottenburger Heimatdichters Sebastian Blau, nach dem eine Brücke benannt ist?

g) Wie heißt eine Gasse, die ein anderes Wort für "Gotteshaus" beinhaltet?

Zeichnet auf eurem Stadtplan die Straßen, die ihr herausgefunden habt und die zum Forschungsziel führen, „blau" ein.

M 8

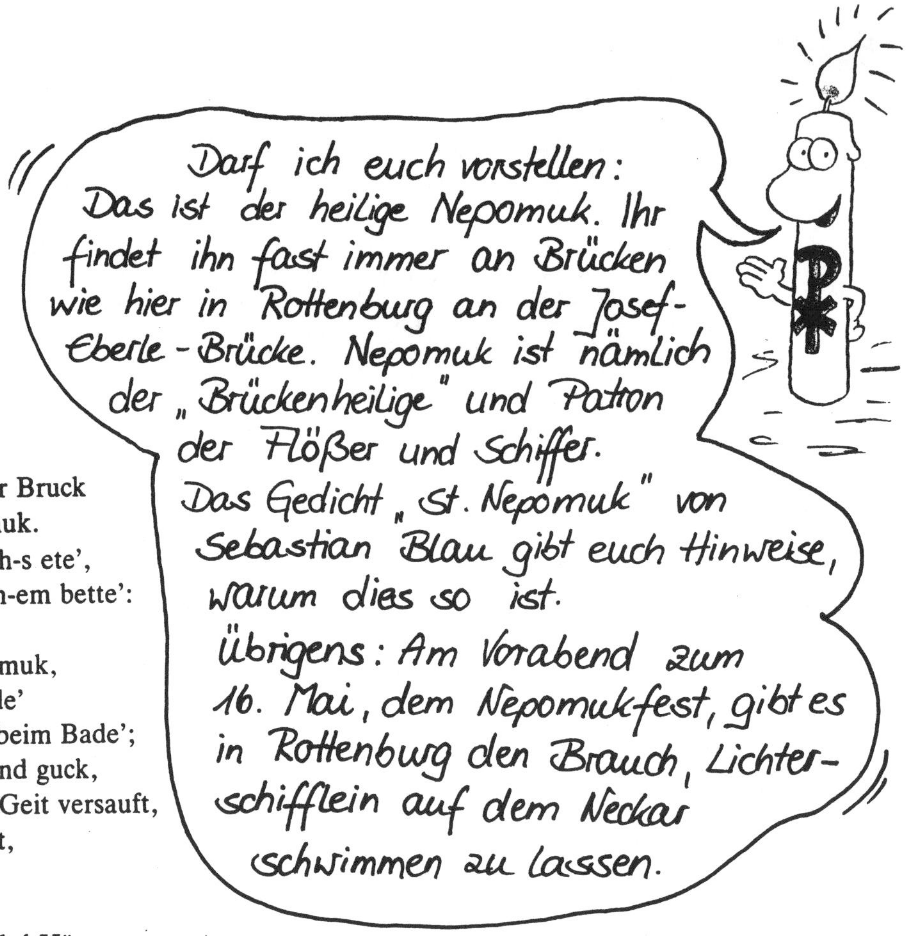

St. Nepomuk

En Raoteburg stoht uf dr Bruck
e' Heiliger Sankt Nepomuk.
Komm, so pressant hosch-s ete',
mr wend gschwend zua-n-em bette':

»O Heiliger Sankt Nepomuk,
bewahr me ao vor Schade'
beim Schwemme-n-ond beim Bade';
gib uf de' Necker acht ond guck,
daß dren koa' Ga's and Geit versauft,
ond daß r jo et überlauft,
et daß r
mit seim Wasser
de' Weag en d Stadt ond d Häuser nemmt,
ond aos de' Wei' em Kear rom schwemmt.
O Heiliger Sankt Nepomuk,
do tätest aos en baöse' Duck!

Ond loht se halt
mit äller Gwalt
s Hochwasser et verklemme',
noh hao' en Ei'seah', guater Ma'
ond fang mit überschwemme'
e bißle weiter donne' a':
dia Goge' nemmets et so gnau,
en deane ihren saure' Wei'
därf wohl e' bißle Wasser nei'
– ond evangelisch send se ao . . .«

Worterklärung:

Ga's = Gans
Geit = Ente
Duck = bösartiger Streich
Goge' = Tübinger Weinbauer

M 9

Spezialistenteam 1:

Thema: Erforschung der Gründung der St.-Moriz-Kirche

Pfeil 1 zeigt euch, wo ihr in der Kirche die Grabplatten der Gründer der St.-Moriz-Kirche findet.
Pfeil 2 zeigt euch die Gruft der Grafen von Hohenberg, die leider nicht begehbar ist.

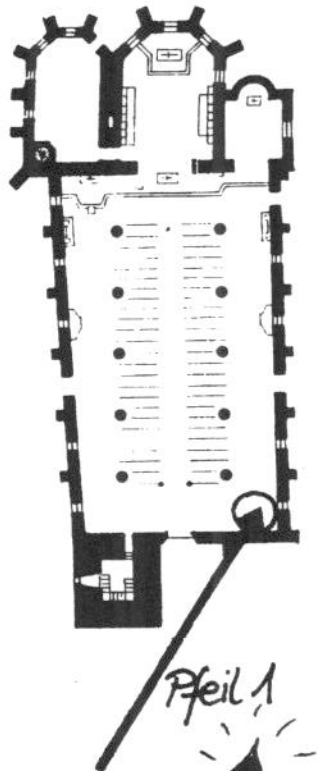

Querschnitt durch die Kirche

Euer Forschungsauftrag lautet:
Schaut euch die Grabplatten an und informiert mit Hilfe des Textes über die Gründer der St.-Moriz-Kirche und darüber, warum sie diese Kirche gestiftet haben.
Tragt eure Forschungsergebnisse auf Material 2 ein.

Text:

Um 1300 begannen die Grafen von Hohenberg mit dem Bau der heutigen St.-Moriz-Kirche und machten sie zur Grablege ihrer Familie. Auf den Grabplatten seht ihr in der Mitte den Stifter der Kirche, Graf Rudolf I. von Hohenberg. Einen Stifter nennt man heute „Sponsor", also ist ein Stifter jemand, der sein Geld für einen bestimmten Zweck spendet. Rechts von Graf Rudolf seht ihr seine Frau Irmengard. Links von ihm seht ihr Graf Albrecht, seinen Sohn, der Bischof war. Die Hohenberger Grafen legten eine Gruft an, die unter dem Chorraum liegt. Hier wurden die Angehörigen der Grafenfamilie beigesetzt. Die drei Grabplatten waren ursprünglich über der Gruft im Chorraum. Über ihnen seht ihr sechs Wappen, die Angehörigen der Gründerfamilie gehörten.

Frage: Woher kennt ihr solche Grabplatten?

M 10

Spezialistenteam 2:

Thema: Erforschung der Mittelsäule des Marktbrunnens

Der Pfeil zeigt euch, wo ihr in der Kirche die Mittelsäule des Marktbrunnens findet.
Euer Forschungsauftrag lautet:
Schaut euch die Mittelsäule, die eigentlich zum Brunnen auf dem Marktplatz gehört, aufmerksam an versucht alles, was im folgenden Text beschrieben wird, an der Säule zu entdecken.
Tragt eure Forschungsergebnisse auf Material 2 ein.

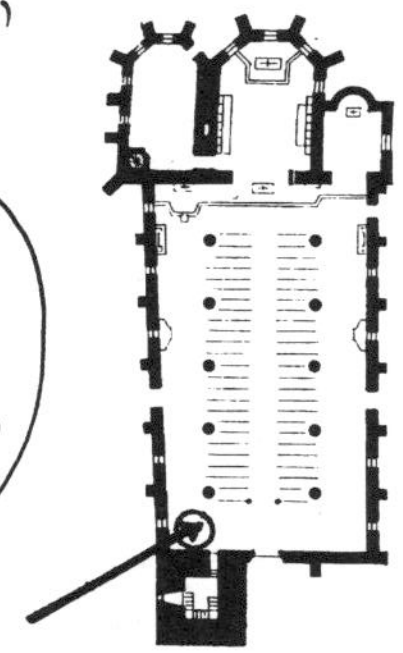

Text:

Die Brunnensäule, die in der St.-Moriz-Kirche steht, ist das Original der Säule des Marktbrunnens. Die Säule hat drei Stockwerke: Im untersten Stockwerk seht ihr drei Fürsten, weshalb der Brunnen auch "Rottenburger Fürstenbrunnen" genannt wird. Die bärtige Figur stellt Herzog Friedrich von Tirol dar, die Figur mit Rüstung und Fahne zeigt Erzherzog Sigmund von Tirol, der früher Herrscher von Rottenburg war und die Figur mit Rüstung und Laubkrone zeigt Kaiser Friedrich III.
Im mittleren Stockwerk seht ihr Maria, den mantelteilenden heiligen Martin und den Drachentöter St. Georg. Im obersten Stockwerk findet ihr Jesus und Maria und Johannes, die unter seinem Kreuz gestanden sind. Aber halt, was macht denn die Säule des Marktbrunnens in der St.-Moriz-Kirche? Vielleicht findet ihr ja eine Antwort (denkt mal an die Umweltverschmutzung ...).

M 11

Spezialistenteam 3

Thema: Erforschung von Fresken an den Säulen

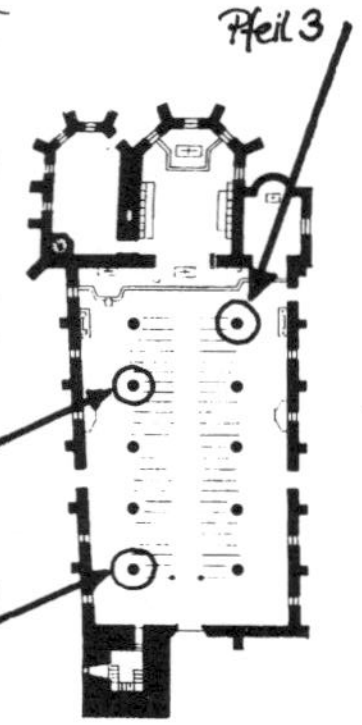

Die drei Pfeile zeigen euch, wo ihr in der Kirche die drei Säulen findet, mit denen ihr Euch beschäftigen sollt.

Euer Forschungsauftrag lautet:
Schaut euch die drei markierten Säulen an. Versucht mit Hilfe des Textes herauszufinden, was dargestellt ist. Ach ja, bevor ich's vergesse: Bei allen Bildern, die auf die Säulen gemalt sind, handelt es sich um Fresken. Ein Fresko ist ein Bild, das auf den noch feuchten Putz gemalt wird. Tragt eure Forschungsergebnisse auf Material 2 ein.

Text:

Pfeil 1: Auf der Säule seht ihr ein Fresko, das einen bärtigen Mann zeigt, der ein kleines Kind auf den Schultern trägt. Wenn ihr genau hinseht, könnt ihr das Kind entdecken. Eine Legende erzählt, daß dieser Mann einst Jesus Christus durch einen Fluß getragen hat. Er heißt heiliger Christopherus, was „Christusträger" bedeutet und ist der Patron aller Reisenden.

Pfeil 2: Pech gehabt, leider ist die Ölbergdarstellung, die einst auf dieser Säule war, nicht erhalten geblieben. Was dargestellt war, könnt ihr vielleicht erahnen, wenn wir den Ölbergaltar sehen.

Pfeil 3: Auf diesem Fresko seht ihr Jesus. Man bezeichnet ihn nach diesem Bild auch als „Schmerzensmann", weil er mit Gegenständen dargestellt ist, die bei seiner Kreuzigung verwendet wurden. Wenn ihr genau hinseht, seht ihr den Stab, auf dem der Schwamm mit Essig steckte, eine Zange, einen Hammer und eine Lanze.

M 12

Spezialistenteam 4:

Thema: Erforschung des Ölbergaltars

Der Pfeil zeigt euch, wo ihr in der Kirche den Ölbergaltar (Bild links) findet.

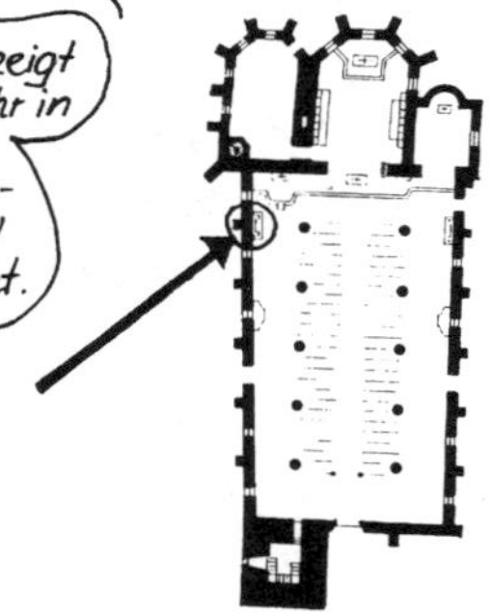

Euer Forschungsauftrag lautet:

Schaut euch den Ölbergaltar an, während einer aus eurem Team den Text aus dem Lukasevangelium vorliest. Sprecht anschließend darüber, welche Personen und Ereignisse ihr aus dem Text im Altarbild wiederentdeckt. Tragt bitte, sobald ihr das Bild mit dem Text verglichen habt, eure Forschungsergebnisse auf den dafür vorgesehenen Platz auf Material 2 ein.

Aus dem Lukasevangelium:

Das Gebet am Ölberg: 22,39–46

39 Dann verließ Jesus die Stadt und ging,
wie er es gewohnt war, zum Ölberg; seine
Jünger folgten ihm. 40 Als er dort war, sagte
er zu ihnen: Betet darum, daß ihr nicht in
Versuchung geratet! 41 Dann entfernte er
sich von ihnen ungefähr einen Steinwurf
weit, kniete nieder und betete: 42 Vater, wenn
du willst, nimm diesen Kelch von mir! Aber
nicht mein, sondern dein Wille soll gesche-
hen. 43 Da erschien ihm ein Engel vom Him-
mel und gab ihm (neue) Kraft. 44 Und er be-
tete in seiner Angst noch inständiger, und
sein Schweiß war wie Blut, das auf die Erde
tropfte. 45 Nach dem Gebet stand er auf, ging
zu den Jüngern zurück und fand sie schla-
fend; denn sie waren vor Kummer erschöpft.
46 Da sagte er zu ihnen: Wie könnt ihr schla-
fen? Steht auf und betet, damit ihr nicht in
Versuchung geratet.

Die Gefangennahme: 22,47–53

47 Während er noch redete, kam eine Schar
Männer; Judas, einer der Zwölf, ging ihnen
voran. Er näherte sich Jesus, um ihn zu küs-
sen. 48 Jesus aber sagte zu ihm: Judas, mit ei-
nem Kuß verrätst du den Menschensohn?
49 Als seine Begleiter merkten, was (ihm)
drohte, fragten sie: Herr, sollen wir mit dem
Schwert dreinschlagen? 50 Und einer von ih-
nen schlug auf den Diener des Hohenprie-
sters ein und hieb ihm das rechte Ohr ab.
51 Jesus aber sagte: Hört auf damit! Und er
berührte das Ohr und heilte den Mann. 52 Zu
den Hohenpriestern aber, den Hauptleuten
der Tempelwache und den Ältesten, die vor
ihm standen, sagte Jesus: Wie gegen einen
Räuber seid ihr mit Schwertern und Knüp-
peln ausgezogen. 53 Tag für Tag war ich bei
euch im Tempel, und ihr habt nicht gewagt,
gegen mich vorzugehen. Aber das ist eure
Stunde, jetzt hat die Finsternis die Macht.

Spezialistenteam 5:

Thema: Erforschung der Hintergründe, wie die St.-Moriz-Kirche zu ihrem Namen kam.

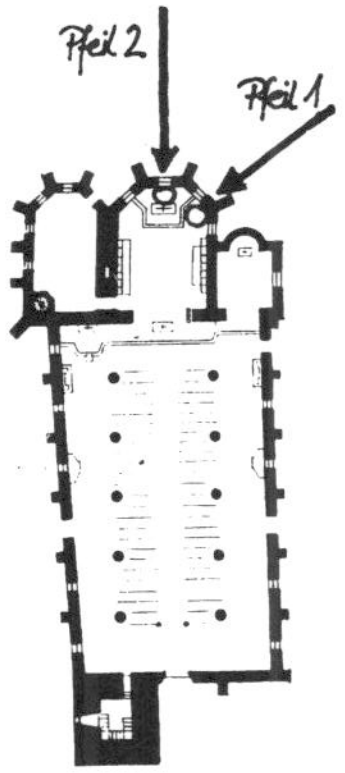

Pfeil 1 zeigt euch, wo ihr in der Kirche das linke Bild findet, das für euren Forschungsauftrag wichtig ist.
Euer Forschungsauftrag lautet:
Findet mit Hilfe des folgenden Textes heraus, in welchem Zusammenhang das Bild mit der St.-Moriz-Kirche steht.
Tragt eure Forschungsergebnisse auf Material 2 ein.

Text:

Auf dem Bild ist die Gründungslegende der St.-Moriz-Kirche dargestellt, die ich euch jetzt kurz erzählen möchte: Um Reliquien für seine Kirche in Augsburg zu bekommen, reiste der heilige Ulrich nach St.-Maurice in die Schweiz. St.-Maurice ist der Ort, an dem sich der heilige Mauritius weigerte, unschuldige Menschen anzugreifen, weil er dies nicht mit seinem christlichen Glauben vereinbaren konnte. Sein Vorgesetzter ließ ihn aus diesem Grund umbringen. Als sich der heilige Ulrich mit den Reliquien des heiligen Mauritius auf der Heimreise befand, machte er in Rottenburg halt. Da er mit dem Herrscher von Rottenburg verwandt war, schenkte er ihm einen Teil der Reliquien. Dies ist auf dem Bild dargestellt.
Aber halt: Was hat der heilige Mauritius mit der St.-Moriz-Kirche zu tun? Der Name Mauritius ist gleichbedeutend mit Moriz. So haben die Reliquien des Mauritius der St.-Moriz-Kirche ihren Namen gegeben. Wenn ihr Pfeil 2 folgt, findet ihr den Aufbewahrungsort der Reliquien.

Forschungsbericht über die St.-Moriz-Kirche

Mauritius und die St.-Moriz-Kirche:

Das Bild zeigt die ______ der St.-Moriz-Kirche. Man sieht, wie Bischof ______ Reliquien des Märtyrers ______ nach Rottenburg bringt. Der Name Mauritius ist gleichbedeutend mit ______. Von den Mauritiusreliquien, die sich auch heute noch in der Kirche befinden, hat die ______ ______ ihren Namen erhalten.

Der Ölbergaltar

zeigt, wie Jesus am ______ betet und ______ schwitzt, während seine ______ schlafen. Mit einer Schar Männer kommt ______, küßt Jesus und verrät ihn damit. Einer der Begleiter Jesu trägt ein ______. Mit diesem schlägt er einem Diener des Hohenpriesters ein ______ ab.

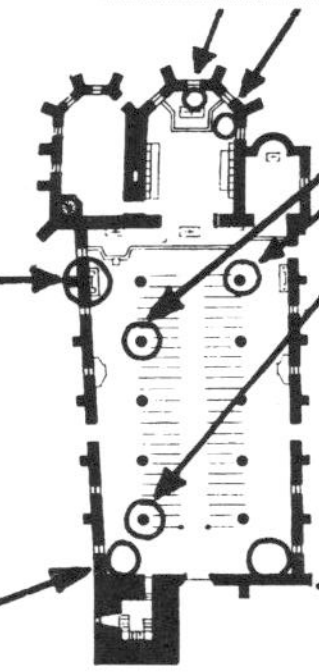

Die Fresken an den Säulen:

Fresken sind Bilder, die auf den ______ ______ gemalt werden. Die drei von uns betrachteten Säulen zeigen: 1.) ______, was Christusträger bedeutet,
2.) eine nicht erhaltene ______,
3.) Jesus, den man nach diesem Bild auch ______ nennt.

Die Mittelsäule des Marktbrunnens

zeigt 1.) im oberen Stockwerk: ______, ______ und ______;
2.) im mittleren Stockwerk ______, ______ und den Drachentöter ______.
3.) Im unteren Stockwerk Herzog ______ von ______, Kaiser ______ III und Erzherzog ______ von ______.

Die Gründer der St.-Moriz-Kirche

Die Grabplatte zeigt den ______ der St.-Moriz-Kirche. Er stammt aus dem Geschlecht der ______ von ______. Sein Name ist Graf ______ I von Hohenberg.
Die Hohenberger Grafen legten eine ______ an, die unter dem Chorraum liegt. Hier wurden die ______ der Familie beigesetzt.

Zeichen am Weg

M 15

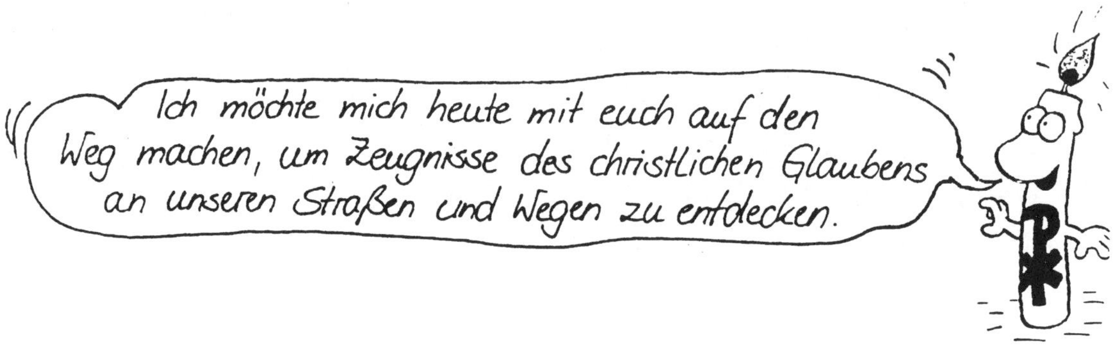

Steinkreuze

Steinkreuze werden auch als „Sühnekreuze“ bezeichnet, da sie im Mittelalter von Menschen, die einen anderen Menschen aus Fahrlässigkeit getötet haben, zur Sühne errichtet wurden. Sie sind Zeugnisse menschlichen Leids und menschlicher Schuld, Erinnerungszeichen an die Bluttat und an die Menschen, die an der Stelle, an der das Kreuz errichtet wurde, umgebracht wurden.

Wegkreuze

Als es noch keine Straßenschilder gab, waren Wegkreuze die Wegweiser der Reisenden. Da das Unterwegssein damals gefährlich war, waren die Menschen froh, wenn sie an einem Kreuz vorbei kamen, da sie dort in besonderer Weise die Nähe und den Schutz Gottes spürten. Heute sind Wegkreuze Zielpunkte von Prozessionen, bei denen für die Felder und die Ernte gebetet wird. Sie sind Ruhepunkte in der Hektik des Alltags und Orientierungszeichen für unseren Lebensweg.

Bildstöcke

In Bildstöcken sind häufig Heilige wie Maria, die Mutter Gottes, dargestellt, da bei ihnen die Menschen ihre Bitten vorgebracht haben. Bildstöcke sind Ausdruck des Glaubens und der Hoffnung von Menschen aller Zeiten, die durch die Errichtung eines Bildstocks ihre Freude und ihren Dank, ihre Sorgen und ihr Leid zum Ausdruck gebracht haben. Sie laden uns ein, Halt zu machen, über unser Leben und unseren Glauben nachzudenken und zu beten.

Zum Text vgl. Dieter Manz, Flurdenkmale im Rottenburger Land, hrsg. v. Sülchgauer Altertumsverein e.V., Rottenburg am Neckar 1989. Fotos: W. Eschenfelder, Rottenburg.

M 16

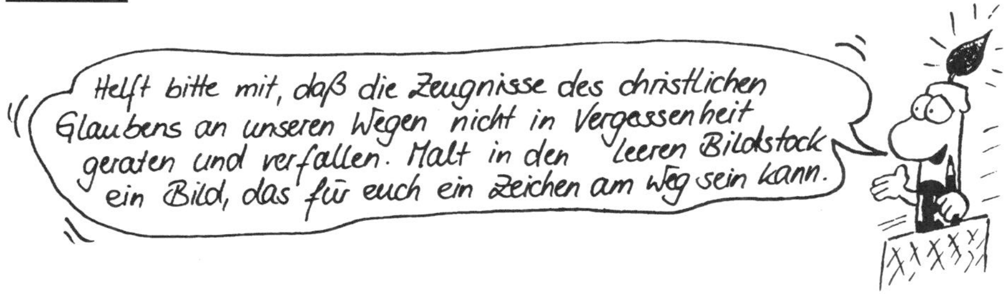

Foto (Ausschnitt):
Wilfried Eschenfelder,
Rottenburg

M 17

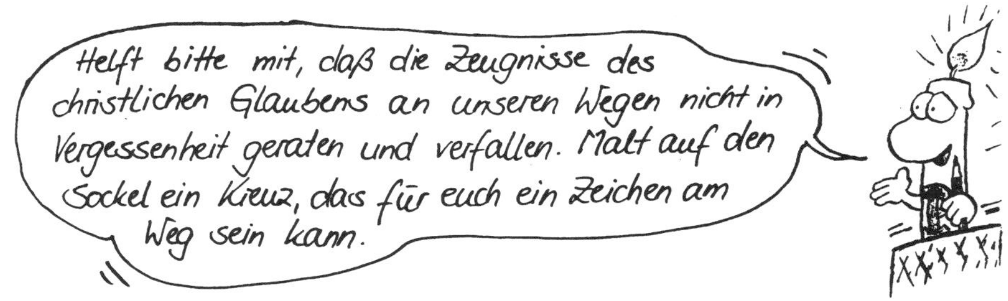

Foto (Ausschnitt):
Wilfried Eschenfelder,
Rottenburg

Hinweise zu M 18–M 20

Die Materialien 18–20 sind exemplarisch für die Stadt Rottenburg konzipiert worden. Sie sollen als Anregung dienen, ein Brettspiel als Wiederholung und Ergebnissicherung für andere Städte und Gemeinden zu konzipieren.

M 19 (siehe übernächste Seite) kann als vorstrukturierter Spielplan (ohne Bildelemente) den Schülerinnen und Schülern zur Gestaltung gegeben werden.

M 18 zeigt in einer exemplarischen Spielbeschreibung einen möglichen Spielverlauf, mögliche Spielregeln und eine Spielidee für die Brettspielvorlage **M 19** auf.

Ich möchte hier auf einige alternative Möglichkeiten kurz hinweisen: Es könnten z.B. als weitere Aufgabenbereiche in die Spielregeln kreative Schreib- und / oder Malaufgaben eingebaut, pantomimische Darstellung und Rollenspiel als zusätzliche Aufgabenbereiche ergänzt werden. Denkbar wäre auch eine völlige Veränderung der Spielidee vom »Alleingang« in die Schatzkammer hin zu einem auf Kooperation und Kommunikation ausgerichteten Spielverlauf.

M 20 zeigt exemplarisch am Beispiel von Fragen zum Rottenburger Diözesanmuseum, wie Frage-Antwort-Karten für ein Brettspiel aussehen können. Es ist sinnvoll, diese Frage-Antwort-Karten von den Schülerinnen und Schülern selbst formulieren und anfertigen zu lassen. Die einzelnen Themenbereiche können farblich und durch Symbole auf der Rückseite markiert werden.

M 18

Zündivity

Anzahl der Spieler:
Es können 2 bis 6 Spieler an Zündivity teilnehmen. Wenn mehr als 6 Spieler mitspielen, kann Zündivity auch in Teams gespielt werden.

Spielausstattung:
Ein Spielplan; grüne Fragekarten (mit einem ? markiert); rote Fragekarten (mit Symbolen für die verschiedenen Spezialgebiete markiert); sechs verschiedenfarbige Spielfiguren; ein Würfel

Ziel des Spiels:
Ziel von Zündivity ist es, möglichst schnell in die Schatzkammer des Diözesanmuseums zu gelangen.

Spielvorbereitung:
Die grünen und roten Fragekarten werden mit dem jeweiligen Symbol nach oben auf die im Spielplan dafür vorgesehenen Felder gelegt.
Jeder Spieler wählt eine Spielfigur.
Die Spielfiguren werden auf die Startlinie gestellt.
Jeder Spieler würfelt einmal, der Spieler mit der höchsten Zahl beginnt.
Danach kommt jeweils der Spieler zur Rechten an die Reihe.

Spielablauf:
Nachdem der erste Spieler gewürfelt hat, beginnt er entsprechend der gewürfelten Zahl auf dem Spielfeld in Pfeilrichtung vorwärts zu gehen.

Landet er dabei auf einem grünen Feld, muss er eine grüne Fragekarte beantworten. Beantwortet er die Frage richtig, darf er in der nächsten Runde, sobald er wieder an der Reihe ist, weiterwürfeln. Beantwortet er die Frage falsch, darf er in der nächsten Runde nicht weiterwürfeln und erhält erneut eine grüne Fragekarte.

Landet der Spieler auf einem Feld, auf dem ein würfelnder Mönch ist, darf er gleich nochmals würfeln.

Landet der Spieler auf einem blauen Feld, darf er ein Feld vorrücken, da er ein Sühnekreuz, einen Bildstock oder ein Wegkreuz entdeckt hat.

Rote Felder bedeuten für alle Spieler STOPP. Auch wenn die gewürfelte Zahl über ein rotes Feld hinausführen würde, darf nur die Zahl bis zum roten Feld ausgefahren werden. Auf den roten Feldern muss jeder Spieler mindestens eine rote Fragekarte aus dem jeweiligen Spezialgebiet beantworten. Die roten Fragekarten liegen in der Nähe des jeweiligen roten Feldes.

Beantwortet der Spieler die Frage richtig, darf er in der nächsten Runde, sobald er wieder an der Reihe ist, weiterwürfeln. Beantwortet der Spieler die Frage richtig, darf er in der nächsten Runde, sobald er wieder an der Reihe ist, weiterwürfeln. Beantwortet er die Frage falsch, bekommt er in der nächsten Runde erneut eine rote Fragekarte aus dem jeweiligen Spezialgebiet.

Es gibt folgende Spezialgebiete: St. Moriz-Kirche, Dom St. Martin, Sülchenkirche und das Diözesanmuseum.

Für die roten Spielfelder innerhalb der Schatzkammer des Diözesanmuseums gilt die Regel, die auch für alle anderen roten Spielfelder gilt: Das heißt: Diese Spielfelder können nur durch das Würfeln einer „Eins“ erreicht werden. Beantwortet der Spieler die rote Fragekarte aus dem Spezialgebiet Diözesanmuseum richtig, darf er in der nächsten Runde weiterwürfeln, er braucht allerdings wiederum eine „Eins“, um auf das nächste rote Feld zu kommen. beantwortet er die Frage falsch, bekommt er in der nächsten Runde erneut eine rote Fragekarte. Steht der Spieler auf dem letzten roten Feld in der Schatzkammer und beantwortet die Frage richtig, öffnet sich vor ihm die Tür der Schatzkammer. Er darf, ohne noch einmal zu würfeln, in die Schatzkammer vorrücken und ist am Ziel.

Mehrere Spielfiguren können gleichzeitig auf einem Spielfeld stehen.
Die Fragen liest der Mitspieler vor, der zur Linken des Spielers sitzt, der mit Würfeln an der Reihe ist.

Spielende:
Das Spiel ist dann zu Ende, wenn alle Mitspieler in der Schatzkammer angekommen sind.
Sieger des Spiels ist der Spieler, der als Erster in die Schatzkammer gelangt.

Viel Spaß beim Spielen und zündende Ideen!

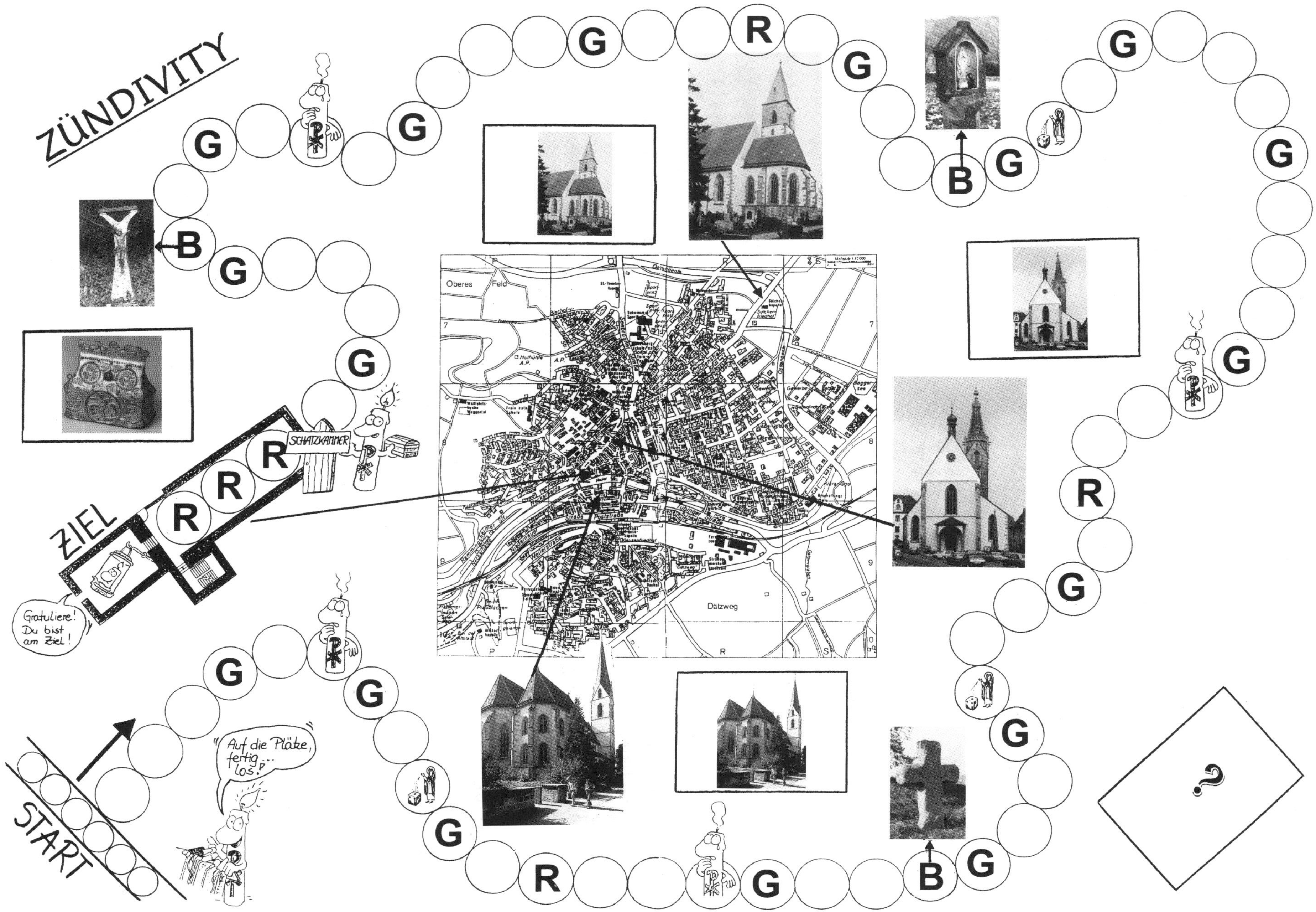
ZÜNDIVITY
START
ZIEL
SCHATZKAMMER
Auf die Plätze, fertig... los!
Gratuliere! Du bist am Ziel!
?
Oberes Feld
Dätzweg

Was steht auf dem Sprachband des Mantelteilungsbildes? --------. Der Taufbewerber Martin hat mit mir den Mantel geteilt.	An welche Bibelstelle erinnert das Mantelteilungsbild? --------. Mt 25,40: »Was ihr einem meiner geringsten Brüder getan habt, das habt ihr mir getan.«	Welche Krankheit hat der Bettler auf dem Mantelteilungsbild und wodurch wird dies deutlich? --------. Er hat Lepra. Er hat keine Beine mehr.	Wo mussten sich im Mittelalter Aussätzige aufhalten? --------. In Aussätzigenhäusern außerhalb der Stadt.
Nenne drei Menschengruppen, mit denen der Heilige Martin heute seinen Mantel teilen würde. --------. a) alte Menschen b) Aidskranke c) Bettler d) Arbeitslose	Was stellt das Gemälde auf der Briefmarke dar? --------. Die Dreifaltigkeit: Gott Vater, Gott Sohn, Gott Heiliger Geist.	Wie wird der Heilige Geist auf dem Gemälde auf der Briefmarke dargestellt? --------. Als Taube.	Wieso zeigt Gott Vater auf der Briefmarke den toten Jesus? --------. Er zeigt uns damit, dass Jesus uns durch seinen Tod von unseren Sünden erlöst hat.
Welches Thema hat der Briefmarkenblock aus dem arabischen Emirat Ajman? --------. Das Leben Jesu.	Nenne fünf Stationen aus dem Leben Jesu, zu denen wir Darstellungen gesehen haben. --------. a) Weihnachten b) Palmsonntag c) Karfreitag d) Ostern e) Christi Himmelfahrt	Wozu wurde ein fahrbarer Palmesel verwendet? --------. Er wurde bei Prozessionen am Palmsonntag mitgezogen.	Erkläre die Bedeutung eines Grablegungschristus. --------. Die Figur des toten Christus wurde an Karfreitag in ein Schaugrab in der Kirche gelegt.
Wie wird Jesus auf dem Himmelfahrtsgemälde dargestellt? --------. Man sieht nur noch die Füße Jesu in einer Wolke verschwinden.	Wieso sieht man auf dem Himmelfahrtsgemälde Fußabdrücke Jesu in der Erde? --------. Sie zeigen, dass Jesus wirklich auf der Erde war und sein Wirken Spuren hinterlassen hat.	Nenne zwei Attribute, mit denen der auferstandene Jesus dargestellt wir. --------. a) Kreuzfahne b) Erhobene Finger der rechten Hand c) Lamm d) Wundmale	

Klasse 6

Wer hört mein Weinen?

Sich selbst und Gott in der Sprache der Psalmen erfahren

Erarbeitet von Heike Bertsch-Nödinger, Katrin Heckeler und Jutta Maurer

Zur Konzeption der Unterrichtseinheit

Psalmen haben sehr viel zu bieten. Es sind lyrische Texte – man kann sie erleben, inszenieren, vertonen, veranschaulichen. Es sind historische Texte, Glaubenszeugnisse des Volkes Israel. Es sind Gebetstexte, mit sprachlichen Möglichkeiten, die unser Beten bereichern können. Vor allem die Klage ist Ausdruck der Bereitschaft, persönliche Sorgen und Ängste Gott anzuvertrauen, anstatt sie zu verdrängen oder zu resignieren.

Psalmen ermutigen, das Leben vor Gott zu bringen. Andererseits fällt es nicht leicht, im Unterricht offen über Ängste und Leiderfahrungen zu sprechen. Sind die biblischen Psalmen geeignet, um miteinander ins Gespräch zu kommen?

Unser Ziel ist, den Sprachraum der Psalmen mit geeigneten Methoden so zu öffnen, dass die Schülerinnen und Schüler gewissermaßen geschützt, ohne sich eine Blöße geben zu müssen, von eigenen Erfahrungen reden können. Wir haben uns nicht zum Ziel gesetzt, die Psalmen als solche in den Mittelpunkt zu stellen.

In der Hauptsache verwenden wir einzelne Psalmworte oder kurze Abschnitte als Gedanken- und Gesprächsanstöße. Diese Vorgehensweise übernahmen wir von Ingo Baldermann (»Wer hört mein Weinen? Kinder entdecken sich selbst in den Psalmen«, Neukirchen-Vluyn 1992). Gegen den Vorwurf, Psalmworte aus dem Zusammenhang zu reißen, wehrt sich Baldermann mit dem Hinweis auf Ihre Entstehungsgeschichte. Für ihn ist es vertretbar, einzelne Psalmworte im Unterricht isoliert zu behandeln, da er davon ausgeht, dass sie ursprünglich oft selbständige Einheiten waren, Versatzstücke, die im Laufe der Zeit zu Psalmen zusammenwuchsen.

Baldermanns eklektische Methode bietet Vorteile für die schulische Praxis. Denn eine besondere Qualität der Psalmen ist unbestritten ihr Reichtum an ausdrucksstarken Bildworten. Die Klagepsalmen des Einzelnen sind für Baldermann eine wahre Fundgrube vor allem für die »Bilder der Bedrohung«, die Schülerinnen und Schüler stark ansprechen. Man muss allerdings kritisch hinterfragen, ob damit nicht Ängste instrumentalisiert werden. Baldermann war sich bewusst, dass er es im Unterricht bei den Sätzen und Bildern der Angst nicht belassen durfte, zumal die Klage der Psalmbeter in eine Perspektive der Hoffnung eingebettet ist. So stellte er auch »Gegenworte« zusammen, die in die Tiefe von Angst und Orientierungslosigkeit hinabreichen (»Du hörst mein Weinen«, »Deine Hand hält mich fest«).

Die Psalmendidaktik Baldermanns findet ihren Niederschlag insbesondere in der Erstellung des »Psalmbuchs«, das die einzelnen Unterrichtsstunden begleitet – nicht zu verwechseln mit der Sammlung von selbst geschriebenen Schülerpsalmen am Ende der Einheit. In das Psalmbuch werden Klageworte, Bitten und Vertrauensaussagen in unterschiedlichen Farben und Kombinationen eingeklebt. Diese Psalmworte werden im Unterricht auf verschiedenen methodischen Wegen erschlossen, um sie vor dem inneren Auge lebendig werden zu lassen. Sie sollen den Schülerinnen und Schülern vertraut werden, »ans Herz wachsen«.

Ungeachtet des oben beschriebenen Ansatzes war uns wichtig, auch einmal einen ganzen Psalm vorzustellen. Unsere Wahl fiel auf Psalm 22 aufgrund seines Bilderreichtums und seiner Bedeutung für das Neue Testament.

Außerdem wird dem historisch-kulturellen Kontext der Psalmen eine Stunde eingeräumt, um einen Überblick über die Entstehung des Psalters zu geben. Zu einigen Unterrichtsstunden bestehen Alternativstunden. Diese Verlaufsvarianten (für die Stunden 1, 4 u. 9–10) eignen sich für bestimmte Klassen oder für einen bestimmten zeitlichen Rahmen.

Zum Aufbau der Unterrichtseinheit

1. Stunde: »Das Wasser geht mir bis an die Kehle«
Die Schülerinnen und Schüler beschäftigen sich mit metaphorischer Sprache aus dem Alltag, übersetzen Psalmworte in moderne Bildworte und stellen sie zeichnerisch bzw. pantomimisch dar.
Die Variante ist für Klassen gedacht, in denen die Bedeutung von Metaphern für unsere Sprache bereits erarbeitet wurde, etwa in der Unterrichtseinheit »Gleichnisse«. Zwei Verse aus Psalm 69 liefern den Impuls für ein Gespräch über körperliche Empfindungen, wenn man Angst bekommt. Daraus entsteht ein Poster und die Psalmverse werden in die Alltagssprache übersetzt.

2. Stunde: Worte der Angst und Klage
Einzelnen Psalmworten werden Bilder zugeordnet, daraus kann eine Collage entstehen. Außerdem wird das Psalmbuch angelegt, das im Verlauf des Unterrichts weitergeführt wird.

3. Stunde: »Alle, die mich sehen, verspotten mich«
Die Psalmworte sollen an emotionaler Tiefe gewinnen, indem die Schülerinnen und Schüler sie mit Vorstellungen aus einer (fiktiven) Traumerzählung verknüpfen. Sie malen dann eigene Traumbilder, tauschen diese anonym aus und schreiben dazu eine weitere Traumerzählung.

4. Stunde: »Warum betrübst du dich, meine Seele?«
Die Bildworte der Psalmen lassen sich nicht nur als Traumbilder umsetzen, sondern auch als Selbstgespräche der Seele. »Die Geschichte vom Seelenvogel« schildert die Seele als Gesprächspartner in Situationen von Angst und Traurigkeit. Mit der Hinwendung einer solchen »betrübten Seele« zu Gott wird daraus die Situation des Gebets. In der Variante zu dieser Stunde geht es ebenfalls um unser Verhalten in Krisensituationen und um die Möglichkeit, sich mit Klagen und Bitten an Gott zu wenden. Hier dient die Metapher der »Tiefe« als Gesprächsanstoß.

5. Stunde: »Ich rufe, doch du antwortest nicht«
Ging es in den vorigen Stunden darum, mittels der Bildsprache der Psalmen über eigene Ängste sprechen zu können, soll nun der Umgang mit Angstsituationen thematisiert werden. Zudem wird anhand eines Gedichts besprochen, welche Rolle Gott für die Schülerinnen und Schüler einnimmt.

6. Stunde: Die Botschaft der Gottesnamen als Gegenworte zu Angst und Klage
Wenn man mit Schülerinnen und Schülern über das Beten spricht, drängt sich oft die Frage auf, ob Gott überhaupt auf Gebete hört und handelt. Diese Problematik wird anhand einer Kurzgeschichte eingehender besprochen. Weiter lernen die Schülerinnen und Schüler »Erfahrungsgottesnamen« aus den Psalmen kennen, die bestätigen wollen, dass Gott für uns da ist und handelt. Bei der Besprechung dieser »Gegenworte gegen die Angst« kommen auch Gottesvorstellungen zur Sprache.

7. Stunde: Psalm 22 – wie wir ihn verstehen
Psalm 22 wird als Psalmvertonung vorgestellt und als Klassencollage umgesetzt.

8. Stunde: Den Psalmen auf der Spur

Die Schülerinnen und Schüler schlüpfen in die Rolle eines Archäologen, der ein Psalmfragment findet, und erkunden die geschichtliche Dimension der Psalmen. Sie erwerben Kenntnisse über die Entstehung der Psalmen und des Psalters.

9. Stunde: Ein Dankpsalm entsteht

10. Stunde: Psalmen der Klasse

Der Weg der Entstehung ganzer Psalmen und des Psalters wird nachvollzogen. Aus selbst geschriebenen Geschichten entstehen Klage- und Dankpsalmen, die (als anonyme Sammlung) zusammengestellt werden und bei einem abschließenden Dankfest Verwendung finden können. Eine kürzere und weniger aufwendige Variante zu Stunde 9 und Stunde 10 besteht in der Erstellung eines gemeinsamen Klassenpsalms, verbunden mit einer Abschlussfeier.

Einige methodische Anregungen zur Durchführung der Unterrichtseinheit

Die Schülerinnen und Schüler basteln ein Psalmbuch zu Beginn der Unterrichtseinheit. Sie benötigen dazu 10 bis 20 Seiten weißes DIN-A4-Papier, einen festen farbigen DIN-A4-Karton und eine Kordel. Die Blätter und der Karton werden in der Mitte gefaltet, der Karton dient als Umschlag, die Kordel zum Binden des Buchrückens.

Alle Arbeits- und Liedblätter sowie Hefteinträge werden nun in dieses Psalmbuch geklebt bzw. eingetragen. Für die einzelnen Elemente der Psalmen wird verschiedenfarbiges Papier gewählt: die Farbe Blau steht für Angst und Klage, Rot für die Bitten, Grün für das Vertrauensbekenntnis und Äußerungen der Freude. Die Liedblätter werden auf gelbes Papier kopiert. Diese optische Unterscheidung hilft den Schülerinnen und Schülern, sich die Psalmsätze leichter einzuprägen. Die Lehrerin / der Lehrer sollte darauf achten, dass die den Psalmworten gegenüberliegende Seite im Psalmbuch frei bleibt für eigene Gestaltungen der Schülerinnen und Schüler: Bilder, Geschichten etc.

Zum Abschluss der Einheit kann eine Sammlung von selbst geschriebenen Schülerpsalmen entstehen. Die Stunden 9 und 10 laufen auf dieses Ergebnis hinaus. In der Beschreibung des Stundenverlaufs von Stunde 10 finden Sie praktische Hinweise zur Gestaltung der Sammlung. Wenn Sie diese Möglichkeit wählen, empfiehlt sich außerdem, die Variante zu Stunde 4 zu unterrichten oder zumindest das Arbeitsblatt (**M 11**) aus dieser Stunde in den Unterricht miteinzubeziehen. Möchten Sie einen gemeinsamen Klassenpsalm erstellen, wählen Sie die Variante zu Stunde 9 und 10.

Der Unterricht kann generell mit einem Psalmlied begonnen werden. Vorschläge finden Sie im Anhang.

Wir empfehlen, in der ersten Stunde der Einheit nicht gleich anzusprechen, dass es um das Thema Psalmen geht. Wir machen außerdem die Erfahrung, dass diese Unterrichtsreihe mit ihrem betont affektiven Zugang besser zu Beginn als gegen Ende der Klasse 6 zu unterrichten ist.

Dokumentation der Einzelstunden

1. Stunde: »Das Wasser geht mir bis an die Kehle«

Intentionen:

- Die Schülerinnen und Schüler machen sich bewusst, dass unsere Sprache oft von metaphorischer Ausdrucksweise geprägt ist. Sie überlegen sich, welchen Vorteil es hat, mitunter in Bildern zu reden. Die Schülerinnen und Schüler werden vertraut mit verschiedenen Bildworten der Angst bzw. Klage aus den Psalmen.

Verlauf:

- Zu Beginn hören die Schülerinnen und Schüler das Lied »Alle deine Namen« von Gerhard Schöne (**M 1**) auf Kassette / CD, gelesen oder selbst gesungen. Beim zweiten Anhören sollen sie möglichst viele der Kose- bzw. Schimpfnamen behalten.
- Nach diesem spielerischen Einstieg werden im Unterrichtsgespräch Sinn und Zweck von Bildworten und dann allgemein von Metaphern und deren Funktion in unserer Sprache thematisiert.
- Im Anschluss daran heftet die Lehrerin / der Lehrer eine Auswahl von drei bis fünf Psalmwortkarten mit Tesakrepp an die Tafel oder legt sie – je nach Gruppengröße – in die Mitte des Sitzkreises. Sollten die Schülerinnen und Schüler nicht ausdrücklich danach fragen, wird erst in Stunde 8 angegeben, woher diese Bildworte stammen.
- Überlegungen darüber werden angestellt, in welcher Situation die Menschen waren, die diese Sätze sprachen, und wie sie sich dabei wohl gefühlt haben. Dann suchen sich die Schülerinnen und Schüler ein Bildwort aus und »übersetzen« es in heutige (Bild-) Sprache.
- Als weitere Vertiefung wählen sie sich eines der Psalmworte und stellen es pantomimisch in Gruppen- bzw. Partnerarbeit oder zeichnerisch (»Montagsmaler«) an der Tafel dar, während die anderen versuchen, es zu erraten.

Verwendete Materialien:

- Lied: »Alle deine Namen« (**M 1**). Aus: Gerhard Schöne, Kinderland (Kassette / CD).
- Auswahl von Psalmworten (Angst / Klage) aus der Vorlage (**M 2**) einzeln auf Karton oder festes Papier DIN A4 kopiert.
- Stellenangaben zu den Psalmworten von **M 2** in ihrer Reihenfolge: Ps 69,2; 69,3; 69,4; 69,5; 22,3; 22,7; 22,8; 22,15; 22,17; 22,13; 22,16; 6,7; 57,5; 25,16; 57,7; 40,3; 31,12; 22,15.

Variante zur 1. Stunde: »Das Wasser geht mir bis an die Kehle«

Intentionen:

- Die Schülerinnen und Schüler denken mit Hilfe eines Angstwortes aus den Psalmen über eigene Ängste nach. Sie erkennen, dass der Mensch, wenn er Angst hat, mit all seinem Sein leidet und formulieren persönliche Angsterfahrungen.

Verlauf:

- Zum Einstieg schreibt die Lehrerin / der Lehrer Ps 69,2+3 als stummen Impuls an die Tafel und wartet auf Reaktionen. Falls das Gespräch nicht von alleine in Gang kommt, eröffnet es die Lehrerin / der Lehrer. Wichtig ist, dass die Schülerinnen und Schüler sich in Situationen hineinversetzen, in denen solche Sätze gesprochen werden.

- Die Angstworte werden nur dann als Psalmworte identifiziert, wenn die Schülerinnen und Schüler ausdrücklich danach fragen. Ansonsten wird die Herkunft hier nicht besprochen.
- In der nächsten Phase soll über eigene Angsterfahrungen nachgedacht werden. Die Lehrerin / der Lehrer führt dazu ein persönliches Beispiel an, z.B. »Immer wenn ich Angst habe, bekomme ich kalte Hände«. Die Schülerinnen und Schüler erhalten dann kleine Zettel, auf denen sie ihre eigene Reaktionen auf Angst notieren.
- Danach sammeln sich die Schülerinnen und Schüler um ein großes Stück Packpapier, das auf dem Boden ausliegt. Der Körperumriss einer Schülerin / eines Schülers wird auf dieses Papier gezeichnet. Die von den Schülerinnen und Schülern gefundenen Ausdrücke werden gesammelt und an die jeweiligen Körperteile geklebt. Möglich wäre auch, in einem Unterrichtsgespräch die Nennungen direkt auf das Poster zu schreiben.
- Das Poster wird an die Tafel neben den Tafelimpuls gehängt. Die Schülerinnen und Schüler übertragen einige Reaktionen auf ein Arbeitsblatt (**M 3**).
- Die Lehrerin / der Lehrer kommt nun auf den Tafelimpuls vom Anfang der Stunde sowie das Eingangsgespräch zurück und fordert die Schülerinnen und Schüler auf, den Psalm in Einzelarbeit in ihre eigene Sprache zu übersetzen. Die verschiedenen »Übersetzungen« werden vorgelesen.
- Zur Vertiefung erhalten die Schülerinnen und Schüler ein Arbeitsblatt (**M 4**). Je nachdem, wieviel Zeit noch ist, bearbeiten sie das Blatt innerhalb der Stunde oder erledigen es als Hausaufgabe.

Verwendete Materialien:

- farbige kleine Zettel; Packpapier und dicken Filzstift; Arbeitsblatt »Wie reagiert dein Körper auf Angst?« (**M 3**); Arbeitsblatt »Das Wasser geht mir bis an die Kehle ...« (**M 4**).

2. Stunde: Worte der Angst und Klage

Intentionen:

- Die Schülerinnen und Schüler wiederholen und vertiefen die Psalmworte aus der ersten Stunde und lernen weitere Bildworte der Angst und Klage kennen.
- Gemeinsam wird die »Rohfassung« des Psalmbuches hergestellt.

Verlauf:

- In dieser Stunde kommt eine neue Methode – neben Pantomime und Zeichnen – im Umgang mit den Psalmworten hinzu: der Einsatz von Bildmaterial. Dabei ergeben sich zwei verschiedene Möglichkeiten:
- A: Die Lehrerin / der Lehrer stellt das Bildmaterial:
  Die Schülerinnen und Schüler wählen sich ein Psalmwort der vorangegangenen Stunde aus bzw. dürfen eine Psalmwortkarte der Lehrerin / des Lehrers ziehen und suchen ein passendes Bild (im Stuhlkreis auf dem Boden ausgelegt oder an die Wände des Klassenzimmers geheftet) aus. Die Auswertung kann – je nach Klasse – im Unterrichtsgespräch oder in Form eines Ratespieles erfolgen: Dazu müssen die Schülerinnen und Schüler den ausgesuchten Bildern eines der ausgelegten bzw. aufgehängten Bildworte zuordnen. Weitere Psalmworte können ebenfalls so eingeführt werden.

- B: Die Schülerinnen und Schüler bringen Bilder mit:
  Hier muss die Lehrerin / der Lehrer als Hausaufgabe in der vorigen Stunde den Schülerinnen und Schülern jeweils ein Psalmwort austeilen, zu dem sie dann ein Bild mitbringen oder selbst gestalten. Auch hier kann die Auswertung im Unterrichtsgespräch oder in einer Raterunde erfolgen. Zum Abschluss besteht die Möglichkeit, aus allen Bildern und den dazugeschriebenen Psalmworten eine Collage anzufertigen.
  Den Rest der Stunde wird man wohl dazu brauchen, um das »Psalmbuch« herzustellen und die bereits eingeführten Psalmworte (**M 2**) einzukleben.

Verwendete Materialien:

- Verschiedene Bilder, die Situationen der Angst, Verzweiflung, Rat- und Hilflosigkeit ausdrücken, aus einer eigenen Bildkartei der Lehrerin / des Lehrers oder von den Schülerinnen und Schülern aus Zeitschriften, Prospekten etc. ausgeschnitten.
- Psalmwortkarten (s.o.) (**M 2**).
- Arbeitsblatt **M 2** mit verschiedenen Worten der Angst und Klage – wenn möglich auf blaues Papier kopiert.
- Material für das Psalmbuch wie oben beschrieben.

Hinweis:

- Das Psalmbuch bietet mehr Möglichkeiten, als dies im Folgenden ausgeführt wird. So können die Schülerinnen und Schüler zu den einzelnen Bildworten auf der gegenüberliegenden Leerseite malen, sich Geschichten dazu ausdenken oder Übertragungen in ihren Sprachgebrauch formulieren – in der Stunde oder als Hausaufgabe. Auch bei der Gestaltung der Titelseite ist Verschiedenes möglich – etwa die Darstellung der eigenen Gottesvorstellung, falls dies nicht auf Protest stößt, die Illustration des Lieblingsbildwortes, des Titels der Unterrichtseinheit ...

3. Stunde: »Alle, die mich sehen, verspotten mich«

Intentionen:

- Die Schülerinnen und Schüler entdecken, dass ihre Träume eine eigenartige Verwandtschaft zu den Angstworten der Psalmen haben. Sie gestalten ihre Träume malend und vollziehen so diese Angstworte nach.

Verlauf:

- Diese Stunde beginnt mit der Erzählung eines fiktiven Traumes. Nach der Lehrererzählung werden spontane Äußerungen der Schülerinnen und Schüler abgewartet.
- Vermutlich verknüpfen die Schülerinnen und Schüler die Bilder aus dem Traum mit den Bildern der Psalmen, die sie aus den ersten beiden Stunden kennen. Die verschiedenen Bilder werden so noch einmal in Erinnerung gerufen. Falls dies nicht der Fall ist, sollte die Lehrerin / der Lehrer die Verbindung herstellen.
- Eventuell werden die Schülerinnen und Schüler auch vermuten, dass die bisher besprochenen Sätze und Bilder aus Traumerzählungen stammen. In diesem Fall sollte der Ursprung der Psalmworte erläutert werden.
- Ziel dieses Unterrichtsgespräches ist es, den Schülerinnen und Schülern zu verdeutlichen, dass der Verfasser des Traumes ähnliche Erfahrungen wie sie selbst in ihren Träumen machte.
- Die Lehrerin / der Lehrer stellt fest, dass Träume einen manchmal

nicht mehr loslassen, und fordert die Schülerinnen und Schüler auf, einen Traum malend festzuhalten. Sie erhalten dazu ein Arbeitsblatt (**M 6**) und Pastellkreiden. Um ein ungestörtes Arbeiten zu erleichtern, wird ruhige Musik eingespielt.

- Am Ende der Stunde sammelt die Lehrerin / der Lehrer die Bilder, die anonym gemalt wurden, ein und legt sie mit der Kopfseite auf einen Tisch. Jede Schülerin / jeder Schüler nimmt ein Traumbild und erhält das Arbeitsblatt »Dieser Traum erzählt folgende Geschichte« (**M 7**). Hausaufgabe ist es, die Geschichte, die dieses Traumbild erzählt, aufzuschreiben.

Verwendete Materialien:

- Lehrererzählung »Ich möchte euch einen Traum erzählen ...« (**M 5**).
- Arbeitsblatt »Mein Traumbild« (**M 6**) auf DIN-A3-Papier kopieren und Pastellkreiden.
- ruhige Musik.
- Arbeitsblatt »Dieser Traum erzählt folgende Geschichte ...« (**M 7**).

4. Stunde: »Warum betrübst du dich, meine Seele?«

Intentionen:

- Die Schülerinnen und Schüler tragen zusammen, was sie sich unter dem Begriff »Seele« vorstellen. Sie entdecken: Die Bildworte können auch Selbstgespräche des Beters mit seiner Seele sein.
- Erfahrungen mit bzw. Vorstellungen von Situationen, die eine »betrübte Seele« zur Folge haben, werden genannt. Sie erkennen, dass ein Mensch in solch einer Situation der Angst und Traurigkeit ein Gegenüber sucht, an das er sich mit Klage und Bitte wenden kann.

Verlauf:

- Die Lehrerin / der Lehrer erzählt die Geschichte aus Michal Snunit / Na´ama Golomb, Der Seelenvogel, Carlsen Verlag GmbH, Hamburg 1991 (im Folgenden Auszüge):

»Tief, tief in uns wohnt die Seele. Noch niemand hat sie gesehen, aber jeder weiß, dass es sie gibt ... In der Seele, in ihrer Mitte, steht ein Vogel auf einem Bein. Der Seelenvogel. Und er fühlt alles, was wir fühlen ... Wenn uns jemand lieb hat, macht der Seelenvogel fröhliche Sprünge ... Wenn jemand böse auf uns ist, macht sich der Seelenvogel ganz klein und ist still und traurig. ... Sicher wollt ihr auch wissen, woraus der Seelenvogel besteht: ... Er besteht aus Schubladen. ... Und weil alles, was wir fühlen, eine Schublade hat, hat der Seelenvogel viele Schubladen. ... Manchmal geht es dem Vogel nicht gut, dann macht er böse Schubladen auf. Geht es dem Vogel gut, macht er Schubladen auf, die gut tun.

(An dieser Stelle kann die Lehrerin / der Lehrer Vorschläge dafür sammeln, was in diesen beiden Schubladen drin sein könnte.) *... :*

- Impuls für das anschließende Unterrichtsgespräch, dessen Ergebnisse auf dem Arbeitsblatt (**M 8**) festgehalten werden:
  Solch ein Bild haben sich zwei Erwachsene (gegebenenfalls Buch vom Seelenvogel zeigen) von der Seele gemacht. Welche Vorstellung von dem Begriff »Seele« habt ihr? Wie würdet ihr sie beschreiben oder malen?

- Überleitung zur Bildbetrachtung:
  Ein Maler aus dem 9. Jahrhundert stellte sich seine Seele so vor ... (Dia oder Folie zu **M 9**, die nur das Bild zeigt).
- Hier muss den Schülerinnen und Schülern deutlich werden, dass der Maler die Seele als menschliches Gegenüber darstellt, weshalb auch bei der Gestalt auf dem Hügel der lateinische Begriff »anima« erscheint.
- Die Lehrerin / der Lehrer führt darauf Ps 42,6a ein: Warum betrübst du dich, meine Seele, und bist so unruhig in mir?
- Die Schülerinnen und Schüler denken sich zur Darstellung des Psalmbeters, dem dieses Bildwort gewissermaßen in den Mund gelegt wird, und seiner Anima mögliche Angst- und Notsituationen aus und formulieren diese (alleine oder in Partnerarbeit) zu kurzen Geschichten bzw. Dialogen. Auf dem Arbeitsblatt (**M 9**) notieren sie in die Sprechblase ein dazu passendes Angst- bzw. Klagewort, mit dem die Anima dem Psalmbeter auf seine Frage antworten könnte.
- Überleitung zum zweiten Dia oder zur Folie (**M 10**): Die Schülerinnen und Schüler überlegen, wie dem klagenden Psalmbeter wohl aus seiner misslichen Lage geholfen werden könnte.
- Die»Lösung« des Malers wird nun schrittweise (Abdecken des Bildes) präsentiert: Zu Gott als Adressat aller Klage werden hilfesuchend die Arme erhoben.

Verwendete Materialien:
- Arbeitsblatt zur Seele (**M 8**).
- Zwei Dias aus dem Stuttgarter Psalter (um 820), Evangelische Medienzentrale Württemberg, Stuttgart; Dia-Bücherei christliche Kunst 16: Psalmen 22.394, Dia 3 und 5 bzw. von **M 9** und **M 10** auf Folie kopiert.

Variante zur 4. Stunde: »Aus der Tiefe rufe ich zu Dir«

Intentionen:
- Die Schülerinnen und Schüler erschließen die Metapher der »Tiefe« aus Psalm 130 im Hinblick auf ihre Vorstellungen oder auch eigenen Erfahrungen davon, in Unglück zu geraten. Sie werden sich der Möglichkeit bewusst, Ängste und Klagen vor Gott offen auszusprechen.

Verlauf:
- An die Tafel kommt die Überschrift (Ps 130, Vers 1): »Aus der Tiefe rufe ich, Herr, zu Dir«
- Welche Farbe verbinden die Schülerinnen und Schüler mit dem Begriff Tiefe? Sie beschreiben ihre Vorstellung oder wählen aus einem Angebot (z.B. von bunten Transparentfolienstücken für Overheadprojektion oder von buntem Kartonpapier) aus.
- Welche Lebenslage oder welche Erlebnisse könnten mit »Tiefe« gemeint sein?
  Die Schülerinnen und Schüler notieren ihre Antworten auf Karteikarten, anonym und in Druckschrift. Die Karten werden gemischt und zum Vorlesen wieder ausgeteilt. Die Vorstellungen werden stichwortartig an der Tafel gesammelt.
- Die Schülerinnen und Schüler berichten von eigenen Erlebnissen. Unter Stichworten wie »Notlage« oder »Gefahr« kann über angstauslösende Erlebnisse gesprochen werden, ohne dass sie sich

genötigt fühlen, Gefühle bloßzulegen. Das Tafelbild kann um diese »Tiefe« Erlebnisse ergänzt werden.

- Tafelbild (Beispiel)

Aus der TIEFE rufe ich, Herr, zu dir.	
drogenabhängig	unter Notendruck
arbeitslos	verirrt in einer Großstadt
keine Freunde	bei Glatteis im Auto unterwegs

- Das Arbeitsblatt (**M 11**) ist eine Vorübung für das Verfassen eigener Psalmen. Im ersten Teil entdecken die Schülerinnen und Schüler den bildlichen Vergleich, der den Hintergrund der Aussage in den jeweiligen Psalmversen bildet. (Ein Beispiel ist vorgegeben.) Anschließend übertragen sie einige der Stichworte von der Tafel in die rechte untere Spalte des Arbeitsblattes. Die konkreten »Tiefe«-Erlebnisse werden durch den Vergleich (»Ich fühle mich wie ...«) zu Bildworten. Links werden Verse erdichtet, die das Bildwort ausführen, ähnlich der Psalmverse in der oberen Spalte.

Verwendete Materialien:

- leere Karteikarten; Arbeitsblatt »Aus der Tiefe rufen« (**M 11**); eventuell: Kartonpapier oder Folienstücke in verschiedenen Farben (bzw. Transparentfolie und bunte Folienstifte).

5. Stunde: »Ich rufe, doch du antwortest nicht«

Intentionen:

- Die Schülerinnen und Schüler machen sich bewusst, wie sie selbst mit Angstsituationen umgehen. Sie werden vertraut mit Bitten, die – seit Jahrhunderten im Glauben gesprochen – Gott zum Adressaten haben.
- Die Gefahr eines vorschnellen »billigen« Problemlösungsmodells (»der Mensch bittet und Gott gibt«) wird anhand der Jerichorose kritisch angesprochen.

Verlauf:

- In der Einstiegsphase werden die Schülerinnen und Schüler dazu aufgefordert, eine Körperhaltung einzunehmen, die Traurigkeit ausdrückt. Damit soll an das Bild aus dem Stuttgarter Psalter zum Psalmbeter und seiner Anima erinnert bzw. angeknüpft werden.
- Die Lehrerin/der Lehrer führt nun die Jerichorose ein, die im Trockenzustand ebenfalls ein Bild der Traurigkeit darstellt.
- Die Schülerinnen und Schüler wählen aus dem Psalmbuch eine passende Klage (z.B.»Meine Kräfte sind vertrocknet wie eine Scherbe, die Zunge klebt mir am Gaumen«) für die Pflanze. Die Lehrerin/der Lehrer geht auf diese Klage mit einem »Warmwasserregen« aus der Thermoskanne über der Jerichorose ein und stellt sie, mit einem Tuch abgedeckt, zur Seite.
- Im Anschluss an ein Unterrichtsgespräch, in dem die Schülerinnen und Schüler sich über ihren Umgang mit Angst und Traurigkeit austauschen, wird das Gedicht »Von einem, der auszog, das Fürchten zu verlernen« (**M 12**) in verteilten Rollen (Erzähler, Kind,

Vater, Mutter, Lehrer, Pfarrer) vorgelesen. Inhalt und Struktur des Gedichts werden besprochen:

- Welches Problem hat das Kind?
- Warum geht es immer zum Nächsten?
- Weshalb gibt es sich mit den Antworten nicht zufrieden?
- Was haltet ihr von den Ratschlägen, die hier gegeben werden?

- Die Schülerinnen und Schüler überlegen sich, wie Gott wohl reagieren könnte, und notieren die drei fehlenden Verse der Schlussstrophe auf dem Arbeitsblatt **M 12**.
- Die Lehrerin / der Lehrer erläutert nun, dass Menschen sich in ihrer Not schon immer auch in Glauben und Vertrauen an Gott gewandt haben und gemeinsam werden Beispiele solcher Bitten von **M 13** gelesen, besprochen und von den Schülerinnen und Schülern den Worten der Klage und Angst zugeordnet und ins Psalmenbuch eingeklebt.
- Dann zeigt die Lehrerin / der Lehrer, wie die trockene Jerichorose durch das warme Wasser verändert wurde. Im Unterrichtsgespräch wird herausgearbeitet, dass der Vergleich zwischen der Jerichorose und einem Menschen in Angst und Verzweiflung an Grenzen stößt.
- Als Hausaufgabe erhalten die Schülerinnen und Schüler **M 14** mit der Anweisung, die Papierblume auszuschneiden, die Blütenblätter nach innnen zu falten und dann mit wasserfesten (!) Stiften zu bemalen.

Verwendete Materialien:

- sog. Jerichorose: Bezeichnung für eine Pflanze aus dem Wüstengürtel vom Südiran bis nach Marokko, die durch einen hygroskopischen Bewegungsmechanismus bei Trockenheit ihre Hüllblätter nach innen in die Pflanzenmitte rollt und sich bei Feuchtigkeit (besonders schnell in Verbindung mit Wärme) wieder öffnet und nicht mehr vertrocknet, sondern leicht grün aussieht.
- Arbeitsblatt **M 12** mit dem Gedicht »Von einem, der auszog, das Fürchten zu verlernen«.
- Arbeitsblatt **M 13** mit verschiedenen Bitten aus den Psalmen – wenn möglich auf rotes Papier kopiert. Stellenangaben zu den Psalmworten in ihrer Reihenfolge: 69,15; 31,3; 140,5; 69,15; 22,22; 22,20; 69,15; 25,16; 31,3; 43,3.
- Papierblumenvorlage **M 14**.

6. Stunde: Die Botschaft der Gottesnamen als Gegenworte zu Angst und Klage

Intentionen:

- Die Schülerinnen und Schüler diskutieren ihre Meinung zum Thema »Gebet« – hilfreich oder sinnlos? Sie erkennen, dass Gebete kein Problemlösungsmechanismus sein können, sondern »auf Hoffnung« gesprochen werden, Hoffnung, die von Erfahrung gestützt, aber auch immer wieder erschüttert wird.
- Sie tauschen sich über ihre Vorstellungen von Gott, dem Adressaten der Psalmworte, aus. Sie vergleichen die eigenen Gottesvorstellungen mit den Aussagen der Psalmworte und entdecken, dass Gott dort beschrieben wird als einer der handelt, mit dem Menschen bestimmte Erfahrungen gemacht haben.

Verlauf:

- Mit dem Zitat der Schlusszeile des Gedichts der vorigen Stunde »Das Kind geht zu Gott, ich fürchte mich, Gott, ich fürchte mich sehr ...« führt die Lehrerin / der Lehrer zum Thema Gebet hin, das mit der Geschichte »Menschenworte« (**M 15**) vertieft wird:
  - An welchem Punkt in der Geschichte kommt es zu einer Meinungsverschiedenheit zwischen den beiden Freunden?
  - Wen kannst du in dieser Situation besser verstehen – Johannes oder Sammy?
  - Rollenspiel: Sammy und Johannes unterhalten sich am Abend des Tages nochmals über das Erlebte bzw. darüber, was sie vom Beten halten.
- Als Zeichen dafür, dass Gebete immer »auf Hoffnung« gesprochen werden, können die Schülerinnen und Schüler in die zu Hause hergestellten Jerichorosen aus Papier eine Bitte, die ihnen im Moment sehr wichtig ist, oder aber – falls dies einigen zu persönlich bzw. vertraulich ist – eine Bitte, die sich auf die Geschichte von Sammy und Johannes bezieht, schreiben. Dann falten sie die Blütenblätter darüber. Werden diese Papierblumen in die mit Wasser gefüllten Schüsseln gelegt, öffnen sie sich nach kurzer Zeit, sodass die Bitten sichtbar werden.
  Die Blume kann getrocknet und dann ebenfalls ins Psalmbuch eingeklebt werden.
- Die Lehrerin / der Lehrer zeigt nun nochmals das Dia bzw. die Folie (**M 10**) aus der vierten Stunde und spricht mit den Schülerinnen und Schülern darüber, wie Gott auf diesem Bild vom Künstler dargestellt wird. Die Lehrerin / der Lehrer fordert dazu auf, eigene Vorschläge zu machen, wie Gott gemalt oder vorgestellt werden könnte.
- Im Anschluss daran führt die Lehrerin / der Lehrer Psalmwortkarten mit »Erfahrungs-Gottesnamen" (**M 16**) ein, die hierzu wieder an die Tafel geheftet bzw. in die Mitte des Sitzkreises gelegt werden.
  Im Unterrichtsgespräch wird herausgearbeitet, dass die Psalmbeter von Gott reden als von einem, der handelt.
- Die Schülerinnen und Schüler denken darüber nach, welche Erfahrungen hinter der bildhaften Redeweise stecken könnten – vielleicht erinnern sie sich an biblische Geschichten, die zu den »Erfahrungs-Gottesnamen« passen. Ansonsten denken sie sich mögliche Vorgeschichten aus.
- Abschließend werden Vertrauensaussagen vom Arbeitsblatt (**M 16**) im Psalmbuch zugeordnet und eingeklebt.

Verwendete Materialien:

- Geschichte »Menschenworte« (**M 15**).
- 2–3 große Schüsseln.
- Dia / Folie zum Stuttgarter Psalter (**M 10**).
- Psalmwortkarten mit Vertrauensaussagen bzw. »Erfahrungs-Gottesnamen« von **M 16**.
- Arbeitsblatt **M 16** mit verschiedenen Vertrauensaussagen bzw. »Erfahrungs-Gottesnamen« – wenn möglich auf grünes Papier kopiert. Stellenangaben zu den Psalmworten in ihrer Reihenfolge: Ps Ps 63,8; 18,3; 27,1; 23,1; 3,4; 6,9; 63,9; 36,8; 73,26; 61,4; 146,7.

7. Stunde: Psalm 22 – wie wir ihn verstehen

Intentionen:

- Die Schülerinnen und Schüler gestalten einen Psalm als Bild und setzen sich dadurch intensiv mit dessen Inhalt auseinander. Sie stellen sich ihre Bilder gegenseitig vor und artikulieren eigene Übertragungen und Gedanken.

Verlauf:

- Zur Einstimmung wird eine Vertonung von Psalm 22 vorgespielt. Die Assoziationen der Schülerinnen und Schüler werden aber nicht mündlich, sondern anhand von Bildern artikuliert. Dazu werden die Schülerinnen und Schüler in Gruppen zu je 4–6 Personen eingeteilt. Sie erhalten dann Karteikarten, auf denen versweise Psalm 22 notiert ist, einen großen weißen Bogen Papier und Pastellkreiden oder Wasserfarben. Gemeinsam sollen sie nun mit Hilfe der Karteikarten und ohne miteinander zu reden ein Bild zu diesem Psalm gestalten. Im Hintergrund ertönt leise Musik.
- Gegen Ende der Stunde werden die Gruppenbilder im Klassenzimmer aufgehängt. Die Schülerinnen und Schüler betrachten sie zunächst schweigend. Danach stellen sie ihre Bilder vor und stellen sich Fragen zu ihren selbst gemalten Bildern. Spielerisch werden so einzelne Psalmworte wiederholt und verinnerlicht.

Verwendete Materialien:

- Eine Vertonung von Psalm 22.
- Psalm 22 versweise auf Karteikarten (**M 17**).
- große Bögen weißes Papier und Pastellkreiden, Wasserfarben oder Fingerfarben.
- ruhige Musik

8. Stunde: Den Psalmen auf der Spur

Intentionen:

- Die Psalmen werden als historisch gewachsene und überlieferte Texte betrachtet. Die Schülerinnen und Schüler können den mutmaßlichen Weg der Entstehung des Psalters in groben Zügen wiedergeben. (Hintergrundinformation über die Entstehung der Psalmen aus: Klaus Seybold, Die Psalmen, Eine Einführung. Stuttgart ^{2}1991, insbesondere die Seiten 40–42 und 73.)

Verlauf:

- Der Einstieg erfolgt mit einer kurzen Lehrererzählung (die mit einigen Bildern oder Dias der Wüste Judäa unterlegt werden kann):
  - »Nehmen wir an, ein Forscher wäre auf Reisen in Israel. In der Wüste Judäa findet er unter einem Felsvorsprung unvermutet eine Höhle. Er kriecht hinein und tritt auf dem sandigen Boden plötzlich auf eine Stelle, die nachgibt. Gleichzeitig hört er, wie unter seinem Fuß etwas mit leisem Knirschen zerbricht. In der Kuhle findet er braune Tonscherben, wie von einem Krug, und als er dort gräbt, kommen weitere Scherben zum Vorschein und schließlich eine papierartige Rolle, die wie morsches Holz in seinen Händen zerfällt, als er sie aus dem Sand ziehen will. Ein etwas größeres Stück kann er retten. Nehmen wir an, der Fetzen sieht so aus: …«
- Die Folie mit dem Textfragment wird vorgelegt (**M 18**), über das im Folgenden gerätselt wird:
  - Um welche Art von Text handelt es sich? (Text aus einer Buchrolle, Bibeltext, Psalmtext)

- In welcher Sprache ist der Text verfasst? (Hebräisch)
- Vermutetes Alter (vorchristlich, alttestamentlich, vielleicht Jahrtausende alt)?
- Evtl.: Wie wurden solche Texte weitergegeben? (Vorwissen aus der UE »Bibel«)

- Die Vermutungen werden als Thesen an der Tafel festgehalten. An dieser Stelle kann mit folgender Ergänzung eine zweite Raterunde eingeleitet werden:
  »Nehmen wir an, der noch lesbare Text wird entschlüsselt und lautet folgendermaßen (der Textausschnitt aus Psalm 40,1–4 wird auf Folie präsentiert, ohne Quellenangabe):
  ... Und er neigte sich zu mir und hörte mein Schreien.
  Er zog mich aus der grausigen Grube,
  aus lauter Schmutz und Schlamm,
  und stellt meine Füße auf einen Fels,
  dass ich sicher treten kann;
  er hat mir ein neues Lied in meinen Mund gegeben,
  zu loben unsern Gott. Das werden viele sehen ...
  Außerdem entdeckte der Forscher in der Nähe der Fundstelle die Überreste eines Altars und viele Scherben von edlem Essgeschirr. – Welche Schlüsse würdet ihr ziehen?«
- Das Informationsblatt über Psalmen (**M 19**) bestätigt, korrigiert und ergänzt die Ergebnisse der Schülerinnen und Schüler. Weiterführende Fragen sind im Text enthalten.

Verwendete Materialien:

- Folie (**M 18**) des »Textfragments« (Textauschnitt aus der hebräischen Bibel, Psalm 40,1–4).
- Folie, auf die der Text aus Psalm 40,1–4 geschrieben wurde.
- Informationsblatt »Psalmen, eine lange Geschichte« (**M 19**).
- evtl. geeignete Bilder / Dias der Wüste Judäa.

9. Stunde: Ein Dankpsalm entsteht

Intentionen:

- Die Schülerinnen und Schüler vollziehen an einem konkreten Beispiel den Weg der Entstehung und Überlieferung der Psalmen nach. Sie schreiben eine Erzählung, die als Kernerlebnis eines eigenen Psalms dienen kann.

Verlauf:

- Für die Wiederholungsphase zu Beginn der Stunde erhält jede Schülerin / jeder Schüler ein Arbeitsblatt (**M 20**) und einen kopierten Streifen mit 8 Stationen (**M 21**), die sie / er ausschneidet und in richtiger Reihenfolge auf die Stationen legt. Die richtige Lösung wird im Plenum bestätigt und eingeklebt.
- Die Schülerinnen und Schüler erfahren (spätestens zu diesem Zeitpunkt) von dem Vorhaben, eigene Dank- bzw. Klagepsalmen zu verfassen, um evtl. eine Sammlung für die Klasse zusammenzustellen, in der die Beiträge anonym und in getippter Form erscheinen.
- Stationen 1 und 2 des Arbeitsblatts erinnern daran, dass viele Psalmen ihre Wurzeln in konkreten Erfahrungen haben. In ähnlicher Weise sollen die Schülerinnen und Schüler kurze Geschichten schreiben, die den Erlebnishintergrund ihrer eigenen Psalmen bilden können. (Falls die Variante zu Stunde 4 unterrichtet wurde, können Ideen aus dieser Stunde übernommen werden.)

- Vorgaben für die Kurzgeschichten:
  - Ca. eine Seite, Einzel- oder Partnerarbeit
  - Erzählt in der »Ich-Form« oder in der dritten Person, es sollte zwar möglichst eine erlebte, darf aber auch eine erfundene Geschichte sein.
  - Erzählt von einer Notlage oder einem Problem und von einer Rettung oder Lösung.

Verwendete Materialien:
- Arbeitsblatt »Stationen eines Dankpsalms«(**M 20**).
- »Stationen« zum Auseinanderschneiden (**M 21**).

10. Stunde: Psalmen der Klasse

Intentionen:
- Die Schülerinnen und Schüler schreiben eigene Dank- bzw. Klagepsalmen. Sie lernen das Stilprinzip des parallelismus membrorum in vereinfachter Form kennen und können es anwenden.

Verlauf:
- Die Kurzgeschichten aus der vergangenen Stunde bieten das Gedankengerüst für die Entstehung der Schülerpsalmen. Eine Bildleiste am Rand des leeren Blattes kann den Anfang erleichtern (**M 22**). Aus den folgenden Vorschlägen A–C zur Einführung der Stunde kann die Lehrerin / der Lehrer auswählen, was ihr / ihm außerdem als »Starthilfe« geeignet erscheint.
- A. Das Parallelismusspiel
  Die Schülerinnen und Schüler können sich bei ihren Schreibversuchen am Sprachstil der biblischen Psalmen orientieren, wenn ihnen vorab das Stilprinzip des parallelismus membrorum (in vereinfachter Form) erklärt und an Beispielen deutlich wird. Das geschieht durch einen kurzen Lehrervortrag und anschließender Übung an Beispielen.
  »Viele Gedichte verwenden Reimwörter, weil man es als schön empfindet, wenn man eine Ähnlichkeit im Klang von Worten entdeckt. (Dazu ein beliebiges Beispiel.) In der Dichtung des alten Orients verwendete man eine andere Sorte von Reim, den man als ›Gedankenreim‹ bezeichnen könnte, weil ein Gedanke nochmals auf ganz ähnliche Weise ausgesprochen wird. Ein Beispiel aus Psalm 18, Vers 6 (an der Tafel):
  ›*Des Totenreichs Bande umfingen mich, ...*
  und des Todes Stricke überwältigten mich.‹«
  Die folgenden Beispiele für das »Parallelismusspiel« können auf Folie aufgedeckt werden oder an der Tafel entstehen. Bei den ersten ein bis zwei Beispielen gibt die Lehrerin / der Lehrer beide Zeilen an. Wer das Prinzip zu erkennen meint, kann bei weiteren Beispielen, bei denen zunächst nur Zeile 1 angegeben wird, einen Vorschlag für Zeile 2 machen. Die hier angegebene Lösung (Zeile 2) ist nur eine mögliche Variante. Den Schülerinnen und Schülern sollte deutlich werden, dass sie nicht genau das Gleiche in anderen Worten sagen müssen, sondern dass etwas Ähnliches, ein »Gedankenanklang,« genügt. (Eventuell kann die Klasse mit Beispielen aus den Psalmen, etwa Psalm 18, weiterüben, wobei der Sprachstil der Psalmen vermutlich einen Kontrast zu den Schülervorschlägen bilden wird.) Beispiele für das Parallelismusspiel:

1. Zeile: Die Sonne scheint auf das Dorf. –
2. Zeile: Sie strahlt auf die Häuser.

1. Wir loben das schöne Frühjahr. –
2. Den Frühling preisen wir.

1. Ich esse die große Pizza auf. –
2. Ich mampfe den Fladen ganz.

1. Mein Hund zerkaut meine Hausschuhe. –
2. Meine Schlappen frisst er mit Vergnügen.

1. Die Lehrerin zerbröselt die Kreide. –
2. Sie zerkrümelt sie in ihren Händen.

1. Wir strengen uns an, es zu verstehen. –
2. Wir bemühen uns, es zu kapieren.

1. Wer es nicht versteht, braucht eine Weile. –
2. Wer es noch nicht schnallt, bedarf etwas Zeit.

- B. »Kleine Bauanleitung für die Psalmen« (**M 23**)

- C. Wenn die Variante zu Stunde 4 unterrichtet wurde, kann auf die Übungen zur bildlich-vergleichenden Redeweise (**M 11**) zurückgegriffen werden.

Tips zur Herstellung der Psalmensammlung für die Klasse:

- Obwohl die Beiträge in getippter Form anonym »veröffentlicht« werden, sollten die Schülerinnen und Schüler die am Stundenende abgegebenen Beiträge mit Namen versehen, damit notwendige Verbesserungen hinsichtlich Grammatik und Rechtschreibung mit ihnen besprochen werden können.
- Das einheitliche Seitenformat wird so gewählt, dass auf jeder Seite ein Schülerpsalm Platz hat. Buntes Kartonpapier im gleichen Format kann als Deckblatt und Abschlussblatt dienen, weiße Zwischenblätter könnten dazukommen, falls das Buch illustriert werden soll. Schnellheftklammern eignen sich, um das Buch zusammenzuhalten. Die vervielfältigten Exemplare können – am besten vorher gelocht – in Stapeln ausgelegt werden, damit die Schüler ihre Sammlung selbst zusammenstellen – zum Beispiel im Rahmen einer Dankfeier zum Abschluss der Einheit. Ob es so etwas wie eine Dankopferfeier in alttestamentlichen Zeiten wirklich gegeben hat, ist nicht zweifelsfrei erwiesen. Trotzdem bietet sich an, die Abschlussfeier als Dankopferfeier zu gestalten, wobei die Schülerpsalmen das »Dankopfer« darstellen, und ein Dankmahl stattfindet, vielleicht auch Psalmlieder gesungen und gespielt werden.

Verwendete Materialien:

- Klassensatz leerer Blätter mit Bildleiste (**M 22**).
- evtl: Arbeitsblatt »Bauanleitung für Psalmen« (**M 23**).
- evtl. Folie mit den Übungsbeispielen zum Parallelismus.

Variante zur 9. und 10. Stunde: Halleluja! Singt dem Herrn ein neues Lied …

Intentionen:

- Die Schülerinnen und Schüler vollziehen nach, dass Lob keine Bringschuld sondern Ausdruck von Lebensfreude und Dankbarkeit ist, die genau wie Angst und Not Gott als Adressaten hat.
- Sie machen sich noch einmal bewusst, wie ein Psalm entsteht und zeigen Verbindungslinien zu vorangegangenen Stunden auf.
- In der Auseinandersetzung mit einem Lobpsalm arbeiten sie heraus, wer wann und für was Gott lobt. Dabei finden sie Anknüpfungspunkte zum eigenen Leben und überlegen sich, für was sie Gott loben können.
- Beim Verfassen eines eigenen Klassenpsalmes bringen sie ihre Erfahrungen und Anliegen vor Gott zur Sprache und vollziehen so die Haltung der Psalmbeter nach.

Verlauf:

- Als Anknüpfung an vergangene Stunden bittet die Lehrerin / der Lehrer zwei Schülerinnen / Schüler, einen Text über die Entstehung der Psalmen in verteilten Rollen zu lesen (Erzählung aus: Entdeckungen machen, S. 209–210). Im folgenden Unterrichtsgespräch werden noch einmal mögliche Entstehungssituationen der Psalmen wiederholt.
- Danach teilt die Lehrerin / der Lehrer den in der einführenden Geschichte genannten Lobpsalm aus (**M 24**). Im Wechsel wird dieser Psalm gemeinsam gelesen. Anhand der folgenden Fragen: Wofür wird Gott gelobt? Warum lobt der Beter Gott? Wofür können wir in unserem Leben Gott loben? Über was freuen wir uns? Entsteht ein Tafelbild, das die Schülerinnen und Schüler in ihr Psalmbuch / Heft übernehmen.
- Die Lehrerin / der Lehrer bündelt das Gespräch und teilt die Schülerinnen und Schüler in kleine Gruppen ein. Sie sollen nun einen eigenen Klassenpsalm verfassen. Sie erhalten dazu ein Arbeitsblatt mit einem »Psalmgerüst« (**M 25**). Jede Gruppe ist für einen Teil des Psalms verantwortlich.
- Am Ende der Stunde liest jede Gruppe ihr Ergebnis vor. Auf ein gemeinsames Lesen des Psalms wird an dieser Stelle verzichtet, da der Psalm beim Abschlussfest gemeinsam gelesen werden soll.
- Die Lehrerin / der Lehrer sammelt die »Psalm-Bausteine« ein und stellt sie zu einem Klassenpsalm für die gemeinsame Feier in der nächsten Stunde zusammen.
- Zum Schluss werden organisatorische Dinge für das gemeinsame Fest besprochen.
- Der Gestaltung des Festes sind keine Grenzen gesetzt. Die Lehrerin / der Lehrer wird dies je nach Zeitpunkt der Stunde und Klassengröße entscheiden müssen.
- Falls ein Psalmbuch erstellt wurde, sollte dies unbedingt als Gebets- und Liederbuch mit in das Fest einbezogen werden. Die Lehrerin / der Lehrer teilt ferner den von den Schülerinnen und Schülern geschriebenen Klassenpsalm aus.
- Denkbar ist auch, die Feier mit einem Essen zu verbinden.

Verwendete Materialien:

- Textblatt: »Lobpsalm 104« (**M 24**).
- Arbeitsblatt »Grundgerüst für einen Psalm« (**M 25**).

Geplantes Tafelbild

Psalmlieder

Die angeführten Lieder stellen eine kleine Sammlung verschiedener Lieder dar, in denen Psalmtexte oder -bilder verwendet wurden. Sie können jederzeit in den Unterrichtsverlauf eingebunden werden. Die unterschiedlichen Liedtypen (z.B. Choral oder israelischer Kanon) sollen den Schülerinnen und Schülern verdeutlichen, dass Menschen sich durch alle Zeiten in den Psalmen wiedererkannten und Texte aus ihnen vertonten.

1. Hinei ma tov uma najim (Ps 133,1) – Fontäne in grün, S. 111
2. Al naharot, Al naharot (Ps 137,1) – Fontäne in blau, S. 345
3. Ich lobe meinen Gott, der aus der Tiefe mich holt (Ps 66,19) – Fontäne in blau, S. 174
4. Ich lobe meinen Gott von ganzem Herzen (Ps 9) – Fontäne in blau, S. 176
5. Laudate omnes gentes, laudate dominum (Ps 117,1) – Fontäne in blau, S. 239
6. Gott, mein Herr, es ist mir ernst (Ps 108) – Fontäne in blau, S. 138
7. Ich lobe meinen Gott von ganzem Herzen – Evangelisches Gesangbuch, Nr. 272
8. Du meine Seele singe (Ps 146) – Evangelisches Gesangbuch, Nr. 302

Quellen der Lieder

Evangelisches Gesangbuch. Hg. Evangelische Landeskirche in Württemberg, Stuttgart 1996
Fontäne in grün, hrsg. v. Evangelischen Jugendwerk in Württemberg, Stuttgart 1981
Fontäne in blau, hrsg. v. Evangelischen Jugendwerk in Württemberg, Stuttgart 1993

Literatur

Baldermann, I., Ich werde nicht sterben, sondern leben. Psalmen als Gebrauchstexte, Neukirchen-Vluyn 1990
Baldermann, I., Wer hört mein Weinen? Kinder entdecken sich selbst in den Psalmen, Neukirchen-Vluyn 1992
Baldermann, I., Einführung in die Biblische Didaktik, Darmstadt 1996
Bühlmann, W./Schwegler A., Psalmen. Impulse und Hilfen zum Bibel- und Religionsunterricht. Heft 4, Luzern 1986
Du hörst mein Weinen, Unterrichtsvorschlag für Kl. 5/6, erarbeitet v. W. Dietz u.a, in: entwurf 3. Hrsg. von W. Dietz u.a., Stuttgart 1992
Entdeckungen machen. Unterrichtswerk für den evangelischen Religionsunterricht in der Sekundarstufe, 1. Bd. 5/6, hrsg. v. H. Kluge, Düsseldorf: 1987. S. 27ff
Hoffnung lernen. Religion 5/6. Schüler- und Lehrerband, hrsg. v. I. Baldermann u.a., Stuttgart/Düsseldorf/Berlin/Leipzig 1995
Oberthür, R./Mayer A., Psalmwort-Kartei. In Bildworten der Bibel sich selbst entdecken, Heinsberg 1995
Unterrichtsideen Religion 6. Arbeitshilfen für den Evangelischen Religionsunterricht, Hauptschule, Realschule, Gymnasium, hrsg: im Auftrag der Religionspädagogischen Projektentwicklung in Baden und Württemberg (RPE) von E. Marggraf und M. Polster, Stuttgart 1997

Alle Deine Namen

Verdreckter Tümpelmatscher, grüner Rasenlatscher
ach du Dussligquatscher, du Strolch.
Blöde Spinatwachtel, alter Schnauzenspachtel,
superdoofe Schachtel, Dreckmolch.
So sag ich immer nur dann,
wenn ich dich nicht ausstehen kann (lalala ...)

Du mein liebes Schätzchen, kleines Krabbelspätzchen,
ach du Schmeichelkätzchen, Herzding.
Liebstes Mausebeinchen, süßes Stachelschweinchen,
du mein Sonnenscheinchen, mein Lieb.
So sag ich immer nur dann,
wenn ich dich gut leiden kann (lalala ...)

Text und Melodie: Gerhard Schöne. Rechte beim Komponisten

M 2

Das Wasser geht mir bis
an die Kehle

Ich versinke in tiefem Schlamm,
wo kein Grund ist.

Ich bin in tiefe Wasser geraten,
und die Flut will mich ersäufen.

Ich habe mich müde geschrien,
mein Hals ist heiser.

Meine Augen sind trübe geworden.

Die mich ohne Grund hassen,
sind mehr, als ich Haare
auf dem Kopf habe.

Ich rufe, doch du antwortest nicht.

Ich bin ein Wurm und kein Mensch.

Alle, die mich sehen,
verspotten mich.

Mein Herz ist in meinem Leibe
wie zerschmolzenes Wachs.

Hund haben mich umgeben.

Gewaltige Stiere haben mich umgeben;
ihren Rachen sperren sich gegen mich auf.

Meine Kräfte sind vertrocknet wie eine Scherbe,
die Zunge klebt mir am Gaumen.

Die ganze Nacht weine ich,
mein Bett wird nass von Tränen.

Ich liege mitten unter Löwen;
ihre Zähne sind wie Spieße und Pfeile,
ihre Zungen scharf wie Schwerter.

Ich bin einsam und elend.

Sie haben meinen Füßen ein Netz gestellt,
sie haben vor mir eine Grube gegraben.

Ich habe mehr Fehler als Haare auf dem Kopf.

Die mich sehen auf der Gasse, fliehen vor mir.

Ich bin ausgeschüttet wie Wasser,
alle meine Knochen haben sich
voneinander gelöst.

Arbeitsblatt: »Wie reagiert dein Körper auf Angst?« M 3

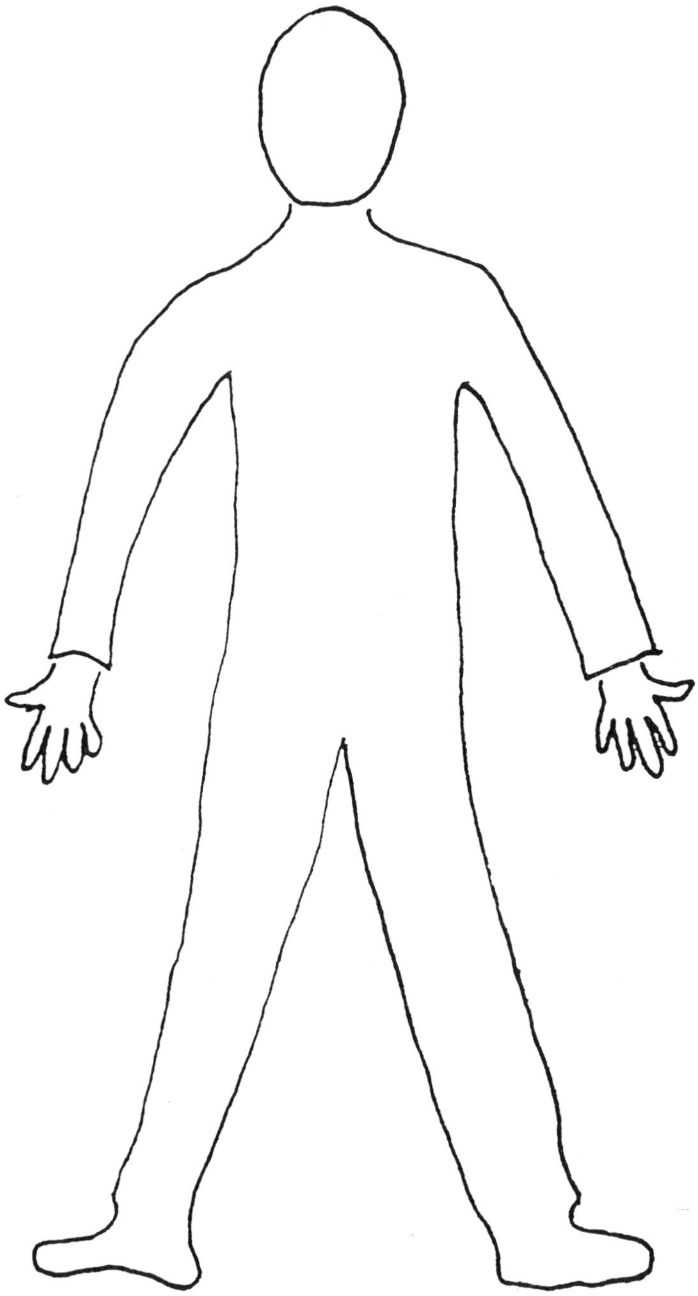

Arbeitsblatt: »Das Wasser geht mir bis an die Kehle ...« M 4

Das Wasser geht mir bis an die Kehle.
Ich versinke in tiefem Schlamm,
wo kein Grund ist.
Ich bin in tiefe Wasser geraten
und die Flut will mich ersäufen.

Du würdest das sicher anders sagen - vielleicht so:

Was denkst du, wie geht es weiter? Schreibe auf...

Lehrererzählung: »Ich möchte euch einen Traum erzählen ...«* M 5

Ich möchte euch heute einen Traum erzählen. Einen Traum, den ich nicht so schnell wieder vergessen konnte:

Ich stehe auf einer Brücke. Sie ist hoch, sehr hoch. Ich kann weit sehen. Um mich nur Weite. Nichts, kein Haus, kein Mensch, kein Geräusch, nichts zu hören. Ich weiß nicht, wo ich bin. Nichts ist mir bekannt oder vertraut.

Ich bin ganz allein. Die Brücke ist alt. Ihr Boden hat tiefe Risse. Und da sind glitschige Pfützen. Ich will weggehen, aber ich komme nur ganz langsam vorwärts. Immer wieder rutsche ich aus, und es fühlt sich so an, als ob da kein Boden mehr unter meinen Füßen ist. Die Tiefe will mich verschlingen.

Ich blicke suchend um mich. Aber da ist niemand. Keiner ist da. Ich rufe laut: Ist hier wer? So helft mir doch! Aber da ist nirgends eine Antwort. Warum hört mich denn keiner? Ich schreie laut und lauter - immer wieder: Ist hier wer? So hört mich doch! Keine Antwort. Ich bin müde vom Schreien, mein Hals ist heißer.

Ich fühle mich elend. Meine Kräfte lassen nach vom vielen Laufen und Schreien. Ich versuche weiter, einen Fuß vor den anderen zu setzen - Doch da! In der Ferne, kommen Menschen. Eine Gruppe von Menschen! Sie kommen auf mich zu. Ja sie kommen auf mich zu, auf mich. Aber ich erkenne ihre Gesichter nicht. Ich sehe nur, daß sie den Mund weit aufgerissen haben. Sie zeigen mit Fingern auf mich. Sie schütteln den Kopf. Ich spüre, sie sind gegen mich, sie mögen mich nicht, und ich denke – nichts wie weg. Aber?! Was ist mit meinen Beinen? Sie bewegen sich nicht mehr. Sie sind wie aneinander gebunden. Sie sind stocksteif. Plötzlich gibt der Boden nach wie Schlamm.

Ich will schreien vor Angst. Aber ich bekomme keinen Ton aus meinem Hals.
Und die Fremden kommen immer näher. Näher und näher. Sie bilden einen Kreis um mich. Sie starren mich an. Aus ihren Gesichtern werden Fratzen von Tieren. Sie sehen aus wie hungrige Tiere, die mich gleich anfallen. Und ich komme nicht vom Fleck. Ich kann mich nicht bewegen.

Jetzt ist gleich alles aus!

* (Die Traumgeschichte entstand in Anlehnung an: I. Baldermann und A. Heide, Deine Hand hält mich fest. Psalmen als Anleitung zum Umgang mit der Angst für Grund- und Sonderschule, für Kindergottesdienst und Gemeindearbeit. München 1991)

M 6 Arbeitsblatt: »Mein Traumbild«

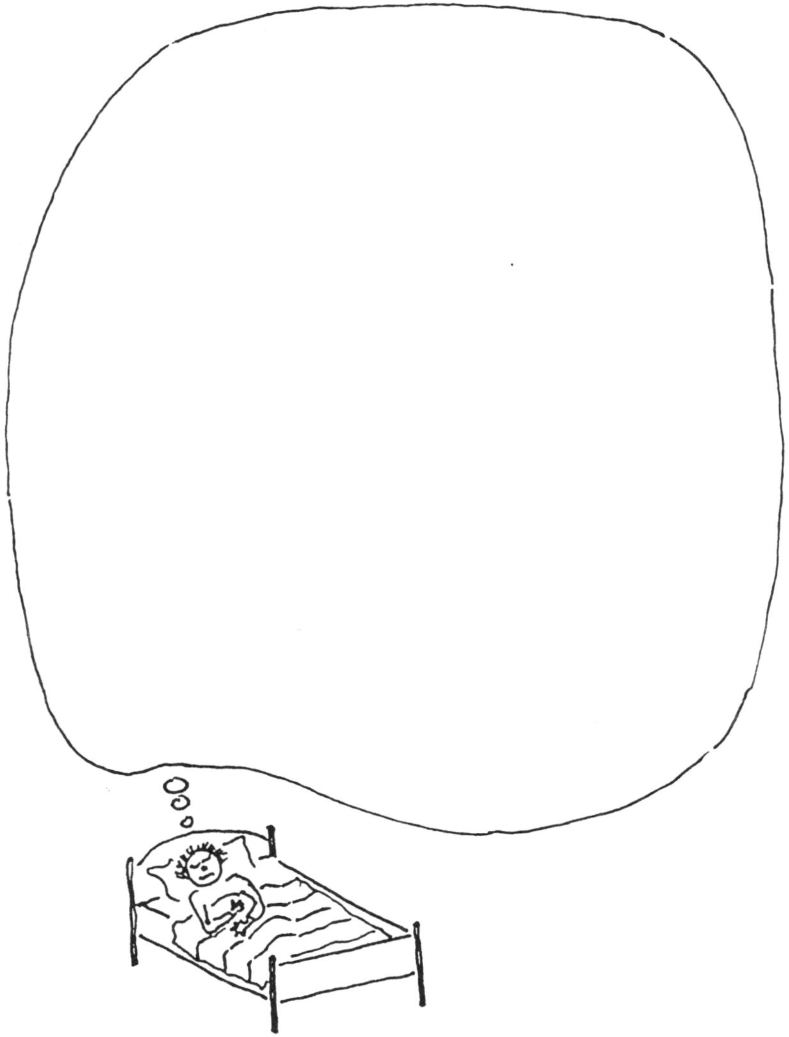

M 7 Arbeitsblatt: »Dieser Traum erzählt folgende Geschichte ...«

M 8

Wie wir uns unsere Seele vorstellen... ... oder:

... als „Seelenvogel" ?

M 9

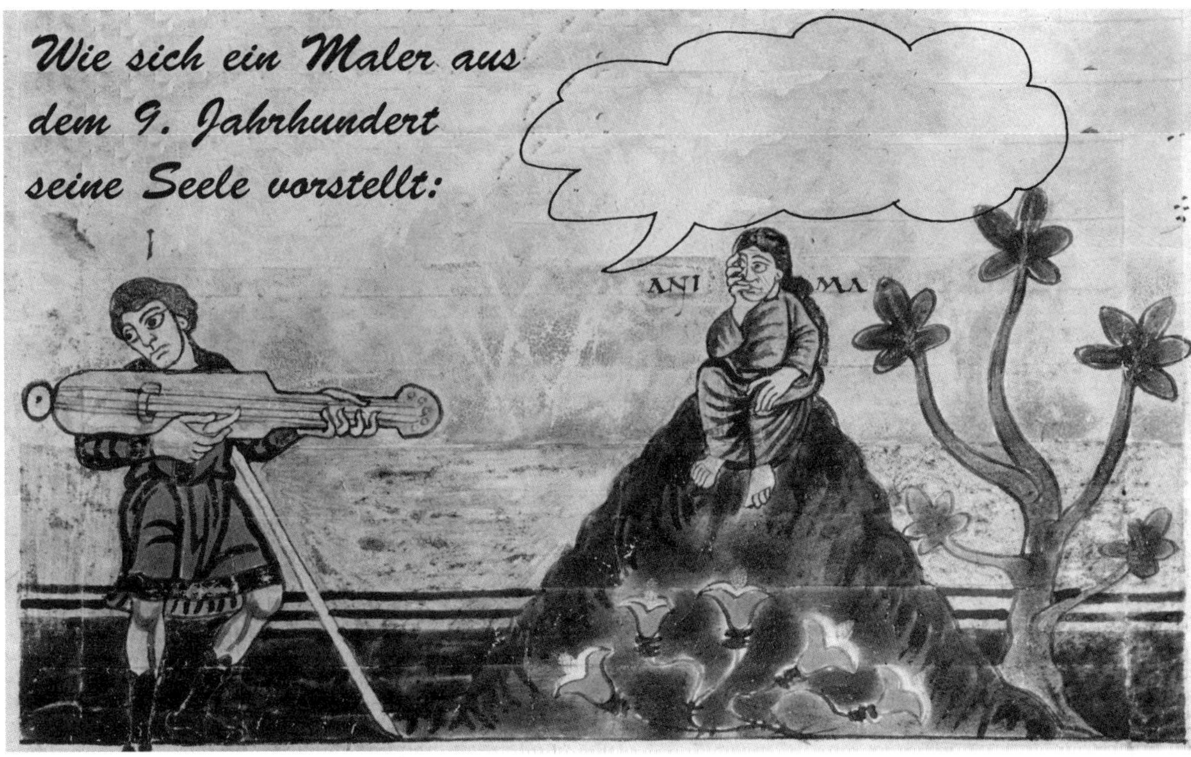

Stuttgarter Psalter Cod. bibl. 2° 23. Württembergische Landesbibliothek Stuttgart. Foto: Bildarchiv Foto Marburg

M 10

Stuttgarter Psalter Cod. bibl. 2º 23. Württembergische Landesbibliothek Stuttgart. Foto: Bildarchiv Foto Marburg

AUS DER TIEFE RUFEN

So sagen es die Psalmen:	Das heißt:	Ich fühle mich wie ...
Die Gottlosen spannen den Bogen und legen ihre Pfeile auf die Sehnen, zu schießen auf die Frommen. (Ps 11,2)		Ein Vogel, der von Jägern mit Pfeil und Bogen gejagt wird.
Ich bin in tiefe Wasser geraten, und die Flut will mich ersäufen. ich habe mich müde geschrien, mein Hals ist heiser. (Ps 69, 3-4)		
Ich liege gefangen und kann nicht heraus, mein Auge sehnt sich aus dem Elend. (Ps 88, 9-10)		
So kann man es auch ausdrücken:	Das heißt:	Ich fühle mich wie...

Von einem, der auszog, das Fürchten zu verlernen* M 12

Das Kind geht zum Vater,
»Ich fürchte mich, Vater,
ich fürchte mich sehr!«
»Kämpfe«, sagt der Vater,
»wer kämpft, überwindet die Ängste.
Ein Mann darf sich nicht fürchten!«

Das Kind geht zur Mutter,
»Ich fürchte mich, Mutter,
ich fürchte mich sehr!«
»Singe!«, sagt die Mutter.
»Wer singt, vergisst die Dunkelheit.
Eine Junge darf sich nicht fürchten.«

Das Kind geht zum Lehrer,
»Ich fürchte mich, Lehrer,
ich fürchte mich sehr!«
»Lerne!«, sagt der Lehrer.
»Wer lernt, erkennt die Zusammenhänge.
Ein kluger Mensch hat keine Furcht!«

Das Kind geht zum Pfarrer,
»Ich fürchte mich, Pfarrer,
ich fürchte mich sehr!«
»Bete«, sagt der Pfarrer,
»wer betet, gewinnt Vertrauen.
Ein frommer Mensch kennt keine Furcht!«

Das Kind geht zu Gott,
»Ich fürchte mich, Gott,
ich fürchte mich sehr ...«

____

____

____

* (Anneliese Schwab, Von einem der auszog, das Fürchten zu verlernen, in: Fürchte dich nicht. Lieder und Gedichte zum Kirchentag, hrsg. von Fritz Baltruweit, 1981, S. 35)

Errette mich aus dem Schlamm,
dass ich nicht versinke.

Neige deine Ohren zu mir,
höre meine Rede.

Behüte mich vor den
Gewalttätigen, die mich
zu Fall bringen wollen.

Errette mich vor denen,
die mich hassen.

Hilf mir aus dem Rachen des Löwen
und vor den Hörnern wilder Stiere.

Aber du, Herr, sei nicht ferne; meine
Stärke, eile mir zu helfen.

Errette mich aus den tiefen Wassern.

Wende dich zu mir und sei mir gnädig,
denn ich bin einsam und elend.

Sei mir ein starker Fels und eine Burg.

Sende dein Licht und deine
Wahrheit, dass sie mich leiten.

M 14

M 18

למנצח לדוד מזמור׃
קוה קויתי יהוה ויט אלי וישמע שועתי
ויעלני מבור שאון מטיט
ויקם על־סלע רגלי כונן אשרי
בפי שיר חדש תהלה לאלהינו
יראו רבים וייראו ויבטחו ביהוה׃
אשרי הגבר אשר־שם יהוה מבטחו
ולא־פנה אל־רהבים ושטי כזב׃
נפלאתיך

Menschenworte

Amerikaner haben seltsame Freizeitbräuche, dachte Johannes. Da mietet man sich für 3 $ einen Schlauch aus einem ausgedienten LKW-Reifen und lässt sich zwei Stunden auf diesem überdimensionalen Schwimmring gemütlich den Fluß hinabtreiben bis zum Anlegepunkt, an dem man den Reifen wieder abgibt. Andererseits, was wollte Sammy seinem deutschen Gastfreund schon bieten an einem so brütend heißen Tag. Außer der typischen Sommerhitze der Südstaaten hatte Johannes noch nicht viel erlebt während seines Besuchs, und in zwei Tagen war wieder Abflug. »Hier scheint alles langsamer zu laufen«, dachte er, als sie in ihren Badehosen am Flußufer standen. Selbst der breite James River bewegte sich so träge an ihnen vorbei, als sei er aus warmem Blei.

Klatsch. Sammy hatte seinen Reifen ins Wasser geworfen und watete hinterher, schmiss sich obenauf und grinste frech. »Maak sneller, Duumkopf!« Das war Sammys Lieblingssatz auf Deutsch. Also hinterher. Der Fluß war viel wärmer als erwartet, das Wasser samtig weich, es ging bis zum Hals. Johannes mußte grinsen, ein freudiger Schauer überlief ihn.

Sie trieben gemächlich wie eine Karawane den Fluß hinunter. Ihr Mittagessen schwamm gut verpackt hinter ihnen in einem etwas kleineren Schlauch, der mit einem Seil an Sammys Reifen befestigt war. Nach einer halben Stunde wickelten sie ihre Brote aus, legten sich in den Reifen genüsslich nach hinten und blinzelten ins Leere. Merkwürdig, wie schnell sich der Sommerhimmel verwandelt hatte. Alles schien in weiße Watte gepackt, dicht und schwül. Es grollte dumpf in der Ferne. »Wenn's Gewitter gibt, müssen wir raus, klar?«, sagte Sammy. Er deutete nach hinten und Johannes nahm entsetzt wahr, dass sich in der Ferne dunkle Wolken aufgetürmt hatten.

Als sie die Brote aufgegessen hatten, war ein kühler Wind aufgekommen. Flussaufwärts näherte sich eine schwarze Wolkenwand. Blitze durchzuckten sie quer oder gingen hinter den Baumkronen senkrecht nieder. Johannes wusste, dass das Wasser Blitze weiterleiten konnte. »Wir sollten rausgehen«, sagte er. »Jetzt mach' dir nicht gleich in die Hose«, wehrte Sammy ab, aber dann: »Wir können hier sowieso nicht ans Ufer, zu steil und zu viel Gestrüpp, da gibt's jede Menge Schlangen.« Irgendwie war das ganze kein Spaß mehr. Sie trieben elend langsam auf der Flußmitte dahin, dem herannahenden Unwetter ausgeliefert. »O Gott, ich will hier raus«, dachte Johannes. Warum muss uns das passieren. Er flüsterte: »Gott, bringe uns in Sicherheit, rette uns vor dem Sturm …«

»Hör' auf mit dem Quatsch«, unterbrach ihn Sammy, »wir müssen uns schon selbst aus der Patsche helfen.« Sie begannen mit den Händen zu paddeln, kamen aber nur unwesentlich schneller vorwärts, das Unwetter im Rücken. Nach einer schier endlosen Minute fiel ihr Blick auf einen alten Baum am Ufer, der mit dicken Ästen ins Wasser griff. Er wurzelte auf einer Sandbank, die für zwei gerade groß genug war. Sie zogen ihre Schläuche auf den Sand und setzten sich darauf.

Waren sie gerettet? Johannes blickte auf die im Sturm tobenden Baumkronen. Es ging ihm auf, dass sie sich einer trügerischen Sicherheit anvertraut hatten. Der Baum über ihnen war so hoch und ragte mit seinen Ästen so ins Wasser, als sei er geradewegs dazu bestimmt, den Blitz anzuziehen. Plötzlich fuhr irgendwo in der Nähe ein Blitz nieder, mit ohrenbetäubendem Krach. »Gott, bitte lass' es an uns vorbeigehen, bitte lass' es vorbeigehen. Lass' die Blitze den Baum verschonen …«

Sammy reagierte diesmal richtig wütend. »Du nervst mich! Als ob Beten hilft. Oder meinst du, der hört mit zwei großen Ohren aus den Wolken heraus auf kleine Menschenworte? Gehen wir lieber in den Wald, der Baum ist zu gefährlich.« Sie sprangen auf und stolperten den Steilhang hoch, durch dichtes Gestrüpp, recht ziellos. Sie machten erst Halt, als Johannes mit nachdenklicher Miene eine lange, ausgetrocknete Schlangenhaut unter seinem Fuß hervorzog. Die Rasseln funktionierten noch. Sie kehrten vorsichtig um.

Als sie ans Ufer traten, donnerte es leiser, flussabwärts. Flussaufwärts erschien bereits ein heller Streifen am Himmel. Jetzt fielen dicke, warme Tropfen. Sie warteten, bis der kurze Regen vorbei war, dann schoben sie ihre Schläuche mit noch etwas zittrigen Knien ins Wasser. In der Ferne hörte man nur noch ein gelegentliches Grollen. Der Himmel warf ein mildes Licht auf den silbrigen Fluß.

»Siehst du«, sagte Sammy. »So'n Gewitter geht auch ohne Gott vorbei. Man muss sich nur zu helfen wissen.« Johannes sagte nichts. Das warme Wasser umhüllte ihn liebevoll, der Fluß spülte die Spannung aus seinem Körper hinweg. Noch nie in seinem Leben hatte sich Wasser so, so gut angefühlt. Noch nie in seinem Leben hatte er sich so wie jetzt gefühlt, als wäre ihm sein Leben neu geschenkt worden. Er hätte lauthals singen können. Klatsch. Sammy schlug übermütig auf das Wasser und blickte ihn erwartungsvoll an. »Maak sneller, Duumkopf.«

Katrin Heckeler

Du bist mein Helfer.

Du bist mein Schild und Berg
meines Heiles und mein Schutz.

Der Herr ist mein Licht
und mein Heil.

Der Herr ist mein Hirte,
mir wird nicht mangeln.

Du hebst meinen Kopf empor.

Du hörst mein Weinen.

Deine recht Hand hält mich.

Unter dem Schatten deiner
Flügel habe ich Zuflucht,
bis das Unglück vorübergeht.

Du bist meines Herzens Trost.

Du bist ein Starker Turm
vor meinen Feinden.

Du schaffst Recht denen,
die Gewalt leiden.

Auszug aus Psalm 22

Mein Gott, mein Gott, warum hast du mich verlassen?	Du bist mein Gott von meiner Mutter Schoß an.	Du hast mich aus meiner Mutter Leibe gezogen.
Ich aber bin ein Wurm und kein Mensch, ein Spott der Leute und verachtet vom Volk.	Alle, die mich sehen, verspotten mich, sperren das Maul auf und schütteln den Kopf.	Unsere Väter hofften auf dich; und da sie hofften, halfst du ihnen heraus.
Ich rufe, doch du antwortest nicht.	Sei nicht ferne von mir, denn Angst ist nahe.	Gewaltige Stiere haben mich umgeben.
Ich bin ausgeschüttet wie Wasser.	Mein Herz ist wie zerschmolzenes Wachs.	Meine Zunge klebt mir am Gaumen.
Meine Kräfte sind vertrocknet wie eine Scherbe.	Errette meine Seele vom Schwert, mein Leben von den Hunden!	Meine Stärke, eile, mir zu helfen!
Ich kann alle meine Knochen zählen, sie aber schauen zu und sehen auf mich herab.	Denn Hunde haben mich umgeben, und der Bösen Rotte hat mich umringt.	Hilf mir aus dem Rachen des Löwen und vor den Hörnern wilder Stiere.

P S A L M E N

Eine LANGE Geschichte

P S A L M – Das Wort kommt von dem altgriechischen Wort psalmos: Saitenspiel, d.h. auf Saiten gespielte Musik. Wer hätte das gedacht: innerhalb des Alten Testaments findet sich eine Liedersammlung. Das Buch der Psalmen enthält Gebete und Lieder, die das Volk Israel im Gottesdienst verwendete (und noch heute verwendet). Die Psalmen waren ursprünglich auf Hebräisch geschrieben. Du kannst dir sicher vorstellen, dass es schwer ist, etwas kunstvoll Gedichtetes aus der Ursprache zu übersetzen. Ein sehr bekannter Mann hat die Psalmen ins Deutsche übersetzt. Kennst du den Namen?

Wer hat die Psalmen ursprünglich gedichtet? Man vermutet, dass zumindest einige der Psalmen entstanden, weil Menschen mitteilen wollten, was Gott in ihrem Leben bewirkt hatte. Sie wollten – im Rahmen eines Gottesdienstes oder eines Fests – ihre Klagen, ihre Bitten und ihren Dank an Gott richten. Psalm 40 erzählt:

Er zog mich aus der grausigen Grube, aus lauter Schmutz und Schlamm,
und stellte meine Füße auf einen Fels, dass ich sicher treten kann.

Das hat die Zuhörer berührt und angesprochen, denn fast jeder weiß aus eigener Erfahrung, wie es ist, tief im Unglück zu stecken und sich nach Hilfe zu sehnen. Deshalb hat die Gemeinde den vorgetragenen Psalm gerne aufbewahrt, um sich daran zu erinnern und ihn bei Gelegenheit nochmals im Gottesdienst zu verwenden. Beim Aufschreiben oder bei späteren Abschriften wurde er möglicherweise etwas umformuliert oder auch um einige passende Verse ergänzt.

So veränderten sich die Psalmen, sie wurden weiterverwendet, vervielfältigt und verbreitet. Es wurden kleinere Sammlungen zusammengestellt, und diese Teilsammlungen wurden schließlich zu einer großen Sammlung, dem Psalter. Zu diesem Zeitpunkt wusste man nicht mehr, wer die Psalmen erdichtet hatte. Man grübelte darüber nach und stellte Vermutungen an. Schau dir daraufhin mal die Überschriften der Psalmen an, die später dazugesetzt wurden.

Man weiß heute nicht, wer die Psalmen schrieb, aber das macht nichts, denn sie sind inzwischen zu Gebeten geworden, die uns allen gehören. Deshalb hat das »Gesangbuch Israels« auch einen selbstverständlichen Platz in unserer christlichen Bibel erhalten. Haben die Psalmen auch einen Platz in unserem Gottesdienst?

Stationen eines Dankpsalms

M 20

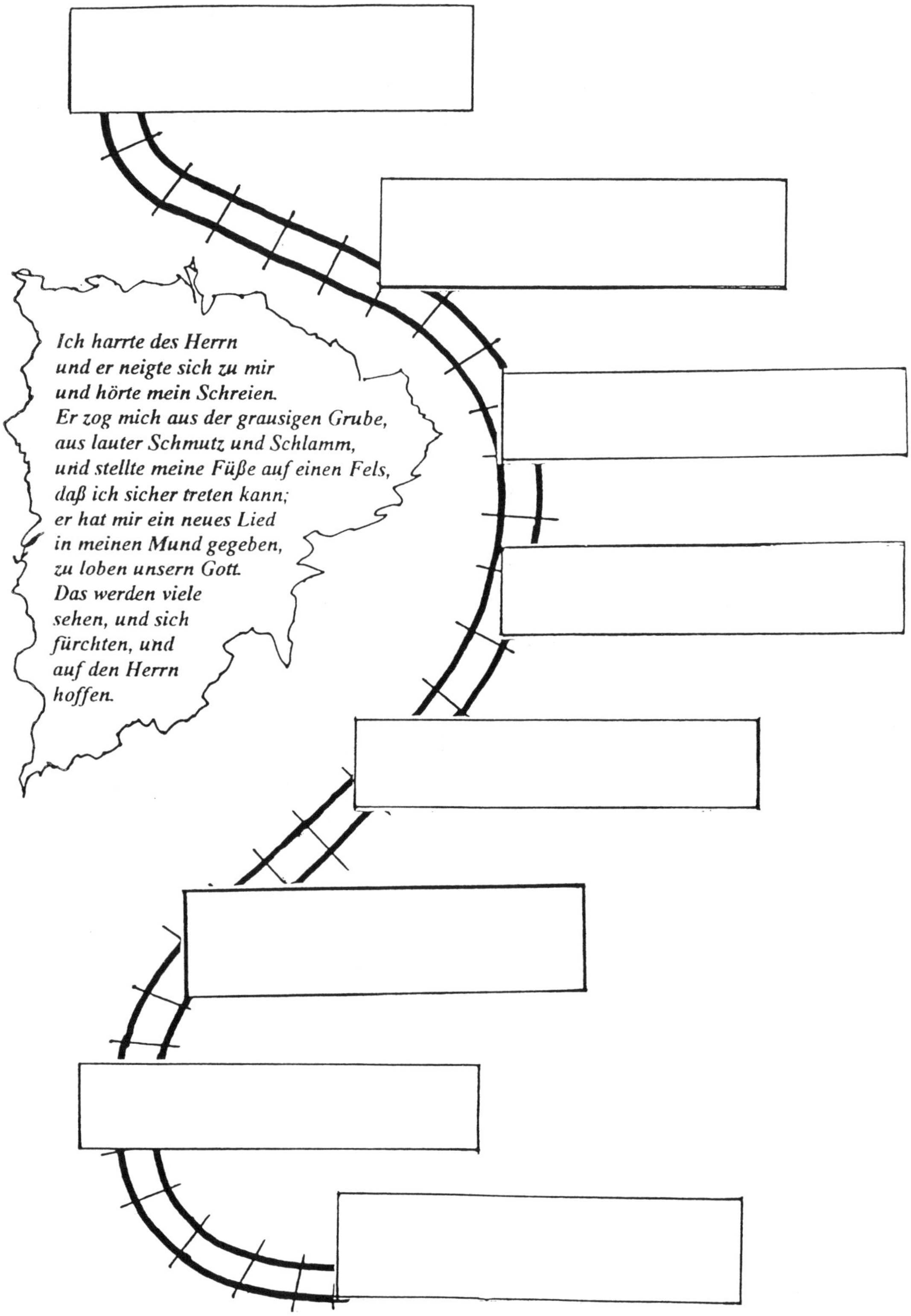

Stationen

»Wir könnten mal wieder das schöne Danklied vortragen. Der letzte Vers ist holprig – ich schreibe ihn um.«	5
»Schau, ich habe eine weitere Zusammenstellung von Psalmen gefunden. Die Sammlung wächst!«	7
»Als kleines Dankeschön an Gott trage ich euch nun ein neues Lied vor.«	3
»Das ist ja ein richtig dickes Buch geworden. Wir können stolz sein.«	8
»Ich fühle mich ja so elend – Herr, Hilfe!«	1
»Lasst uns die Danklieder und Gebete zusammenstellen, die wir gerne im Gottesdienst verwenden.«	6
»Unfassbar, meine Sorgen sind weg. Das muss ich feiern.«	2
»Super Lied!« Das wollen wir aufschreiben und behalten.«	4

Die linke Spalte dient als Kopiervorlage, in der rechten Spalte steht ein Lösungsvorschlag für die Reihenfolge der Stationen auf dem Arbeitsblatt.

»SEUFZ«

Ich FÜHLE MICH WIE...

ABER DU, HERR...

DU BIST FÜR MICH WIE ...

Kleine »Bauanleitung« für die Psalmen

ERSTENS

Psalmen sprechen gerne in **Bildern und Vergleichen**:

»Wie der Hirsch lechzt nach frischem Wasser,
so schreit meine Seele, Gott, zu dir.« (Ps 42)

Überlege, ob dir bildliche Vergleiche für Not, Freude oder Vertrauen zu deiner Geschichte einfallen.

Beispiele:

NOT / SORGE	Ich fühle mich wie ein Reifen ohne Luft – ganz in mich zusammengesunken vor Sorge.
DANK / LOB	Meine Freude ist wie ein Luftballon – ich schwebe vor Dankbarkeit.
VERTRAUEN	Gott, Du bist für mich wie ein warmes Zimmer, wenn draußen Kälte ist.

ZWEITENS

Psalmen haben oft **kunstvolle Sprachformen**: Die Zeilen oder Sätze bilden normalerweise Paare, bei denen:

a) der zweite Satz den ersten einfach noch einmal in etwas anderen Worten wiederholt:
»Ich aber wäre beinahe gestrauchelt mit meinen Füßen;
mein Tritt wäre beinahe geglitten.« (Ps 73)

b) oder der zweite Satz den Gedanken des ersten aufnimmt und weiterführt:
»Unsere Väter hofften auf Dich,
Und da sie hofften, halfest Du ihnen heraus.« (Ps 22)

c) oder der zweite Satz einen Gegensatz zum ersten aufstellt:
»Und ob ich schon wanderte im finsteren Tal,
fürchte ich kein Unglück.« (Ps 23)

Am leichtesten fällt dir wahrscheinlich die erste Möglichkeit (a).
Das ist übrigens der sogenannte **synonyme Parallelismus**.
Du kannst dich allerdings auch an den **synthetischen Parallelismus** (b)
oder den **antithetischen Parallelismus** (c) heranwagen.

Psalm 104

Lobe den Herrn, meine Seele! Herr, mein Gott, du bist sehr herrlich.

Du bist schön und prächtig geschmückt.

Licht ist dein  , das du anhast.

Du läßt  in den Tälern quellen,

daß sie zwischen den  dahinfließen,

daß alle Tiere des Feldes trinken und das Wild seinen Durst lösche.

Darüber sitzen die  des Himmels

und zwitschern unter den 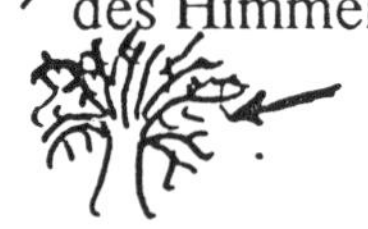 .

Du feuchtest die Berge von oben her,

du machst das Land voll  , die du schaffst.

Du läßt  wachsen für das Vieh und Saat zu Nutz den Menschen.

Du hast den  gemacht, das Jahr danach zu teilen;

die  weiß ihren Niedergang.

Herr, wie sind deine Werke so groß und viel!

Du hast sie alle weise gemacht, und die  ist voll deiner Güter.

Es warten alle auf dich, daß du ihnen Speise gibst zur rechten Zeit.

Und wenn du ihnen gibst, so sammeln sie;

wenn du deine  auftust, so werden sie mit Gutem gesättigt.

Ich will dem Herrn  mein Leben lang

und meinen Gott loben, solange ich bin.

Lobe den Herrn, meine Seele. Halleluja!

Arbeitsblatt: Grundgerüst für einen Psalm

M 25

1. Ich freue mich,

Herr, dafür danke ich dir.
Ich freue mich,

Herr, dafür danke ich dir.

2. Ich habe Angst,

Herr, laß mich nicht allein.
Ich habe Angst,

Herr, laß mich nicht allein.

3. Ich bin traurig,

Herr, tröste du mich.
3. Ich bin traurig,

Herr, tröste du mich.

4. Ich bitte dich,

Herr, darum bitte ich dich.
Ich bitte dich,

Herr, darum bitte ich dich.

5. Ich lobe und preise dich,

Danke, Herr, daß du da bist.
Ich lobe und preise dich,

Danke, Herr, daß du da bist.

KLASSE 7

BEHINDERT?

Mehrperspektivische Erschließung eines sensiblen Themas

Erarbeitet von Gabriela Papenberg

Religionspädagogische Überlegungen

Aus dem theologisch-ethischen Thema »Behindert?« ergibt sich methodisch ein problemorientierter Unterricht. Sowohl eine »induktive Unterrichtsplanung« als auch ein »situations- und schülerorientierter Unterricht« sowie eine »ethische Dimensionierung des Religionsunterrichts«[1] sind dabei angestrebt. Wert- und Normfragen stellen sich in lebensweltlichen Zusammenhängen und sollen im Rahmen des Unterrichts in den Kontexten des jeweiligen konkreten Problems behandelt werden. Zur realistischen Aufklärung über Lebensprobleme sind stets weitere, nicht-theologische Informationen notwendig. Deshalb müssen im Religionsunterricht selbst mehrperspektivisch gesellschaftliche, soziale, medizinische, psychologische u.a. Aspekte des jeweiligen Problems berücksichtigt werden.

Dies erfolgt u.a. mit Hilfe der sog. *»Metaplan-Technik«*. Sie ist ein Verfahren aus der Wirtschaft und versteht sich als eine spontane Ideensammlung mit Stichwortkarten. Dabei äußern sich die Teilnehmenden frei und offen zu einem Impuls der bzw. des Gesprächsleitenden. Ihre Assoziationen werden schlagwortartig auf Karteikarten festgehalten, ohne bewertet zu werden. Die Karten werden auf einer (Schau-)Tafel so postiert, dass inhaltlich Verwandtes beieinander steht. Die anschließende Betrachtung der Resultate aus einigem Abstand regt dazu an, die Stichworte unter möglichen Oberbegriffen oder Leitkategorien im Blick auf den thematischen Rahmen zu systematisieren. Dabei wird über die verschiedenen Zuordnungskriterien diskutiert. Man kommt, vor der Schautafel stehend, über unterschiedliche Auffassungen zum Thema oder zu einzelnen Gesichtspunkten ins Gespräch. Weitere Modifikationen, Einsprüche, Ergänzungen führen meist näher an das Thema heran und bereiten einen differenzierteren Zugang vor. Die bzw. der Gesprächsleitende ist nur Moderator und Organisator eines Lernprozesses.[2]

Dieses Verfahren variiere ich, indem ich die anfängliche Stichwortsammlung in Einzelarbeit durch ein kurzes Rundgespräch ersetze. In diesem werden eigene Erfahrungen mit behinderten Menschen angesprochen, ohne diese jedoch zu kommentieren. Die während des Gespräches gefallenen Bezeichnungen verschiedener Behinderungen werden auf Karten mitgeschrieben. Daran schließt sich die zweite Phase der Metaplantechnik an: eine Gruppenarbeit, in der die genannten Begriffe einander zugeordnet bzw. unter selbst erschlossene Oberbegriffe geordnet werden. Ich halte diese Methode als Einstiegsphase für sehr geeignet, da sie die Schülerinnen und Schüler aktiviert und ihr Gespräch untereinander zum Thema fördert. Diese Technik bildet gleichsam eine gemeinsam erarbeitete gedankliche Struktur, die dann durch weitere Informationen angefüllt wird, welche die Schülerinnen und Schüler selbständig zusammentragen.

---

[1] G. Lämmermann, *Grundriss der Religionsdidaktik,* Stuttgart u.a. 1991, S. 141.

[2] Aus den Unterlagen des Deutsch-Fachseminars von P. Jentzsch. Ähnlich funktioniert Hilbert Meyers »Kopfsalat«, vgl. *UnterrichtsMethoden II: Praxisband,* Frankfurt a.M., [6]1994. S. 210. Ausführlicher zu dieser Methode: Elisabeth Mehrmann, *Moderierte Gruppenarbeit mit Metaplan-Technik. – Reihe Arbeitstechniken im Unternehmen,* in: *»Präsentation und Moderation«*, Düsseldorf 1993.

Ich habe während der Planungsphase eine besondere Affinität zur *»Blindheit«* als Behinderung entwickelt und möchte in dieser Unterrichtseinheit nicht nur die theologisch-ethische Dimension des Themas »Behindert?« berücksichtigen, sondern im Zuge dessen auch eine erfahrungsorientierte, symboldidaktische Dimension einbeziehen.

Eine Vertiefung des Themas erfolgt durch die Lektüre des mehrfach ausgezeichneten Jugendbuches *»Behalt das Leben lieb«* von Jaap ter Haar.[3] Das Buch bietet viele für das Thema wichtige Sachinformationen, die ganz unaufdringlich gegeben werden. Für die 7. Klasse ist es altersgemäß und gut verständlich geschrieben. Die Zugangsweise über ein einfühlsames Buch zum Thema: »Was heißt es, blind zu sein?« halte ich auch im Fach Religionslehre für sehr anregend und sinnvoll. Es ist mein Interesse, an das Jugendbuch erfahrungsbezogen und existentiell heranzugehen, d.h. Themen wie Ängste, die richtige Hilfe, Freundschaft sowie Vor- und Nachteile der Sonderschule anzusprechen. Bei der Lektüre in dieser Unterrichtseinheit kommt es mir auf eine gewisse emotionale Nähe zum Buch, auf die Identifikation der Leserinnen und Leser mit dem Protagonisten an. Der Inhalt, nicht die Sprache des Buches steht demnach ganz im Vordergrund des Religionsunterrichts.

Im Anschluss an die Behandlung des Jugendbuches, das mit dem Eintritt des Jungen Beer in eine Blindenschule endet, böte es sich an, mit der Klasse 7 in eine Blindenschule zu fahren. Dadurch würden die Schülerinnen und Schüler eine Vorstellung von der heutigen Realität einer Sonderschule gewinnen. Sinnvoll wäre es, einen normalen Schulvormittag mit den Schülerinnen und Schülern der Blindenschule zu verbringen. Sie könnten einen unmittelbaren Eindruck davon bekommen, wie gelernt wird, d.h. mit welchen Mitteln, Büchern, Schreibmaschinen, Reliefs etc. Des Weiteren könnten sie direkten Einblick in die weiterführenden Ausbildungsmöglichkeiten im kaufmännischen, hauswirtschaftlichen, metallverarbeitenden und gewerblichen Bereich erhalten.

Eine praktikable und sinnvolle *Alternative zum Besuch einer Blindenschule* war in meinem Fall die Möglichkeit, die an meiner Schule als Beraterin tätige Blindenschullehrerin Frau C. in unseren Unterricht einzuladen und gemeinsam eine spielerische, handlungsorientierte Unterrichtsstunde in Klasse 7 zu gestalten. Außerdem war es möglich, einen gemeinsamen Unterricht mit dem blinden Mitschüler J. durchzuführen. Im Allgemeinen wird man sich aber an die Blindenverbände und ihre Bezirksgruppenleiter wenden, die auch Kontakte mit bzw. Besuche von blinden Menschen in der Schule vermitteln[4].

In einem *symboldidaktisch ausgerichteten Religionsunterricht* – wie ich ihn verfolge – geht es weder um eine reflektierende Symbolkunde noch um relativierende Symbolkritik, sondern um »die (Wieder-)Eröffnung des Zugangs zum Symbol, die Vermittlung eigener Erfahrungen im Umgang mit Symbolen«[5]. Grundlegend ist dabei die Einsicht, dass Religionen Symbolsysteme sind und es keinerlei religiöse Betätigung geben kann, die nicht symbolische Kommunikation wäre. Daraus folgt eine »Symbolerziehung, die erlebnismäßig bestimmt ist«.

---

[3] Für das 1973 erschienene Jugendbuch *»Behalt das Leben lieb«* ist Jaap ter Haar, der 1922 in Hilversum geboren worden ist, mit dem »Goldenen Griffel« und dem »Buxtehuder Bullen« ausgezeichnet worden. 1978 ist das Buch auf die Auswahlliste »Die Silberne Feder« gekommen. – Die hier zitierten Stellen sind der bearbeiteten Neuausgabe nach den Regeln der Rechtschreibreform entnommen, München [22]1998.

[4] Deutscher Blindenverband e.V. Spitzenverband der Blinden und Sehbehinderten Deutschlands, Bismarckallee 30, 53173 Bonn, Tel. 0228-354037.
Blindenverband Ost-Baden-Württemberg e.V., Moserstraße 6, 70182 Stuttgart, Tel. 0711-235824 (schickt gegen einen geringen Betrag Braille-Alphabete mit Textbeispielen in Punkteschrift; vermittelt evtl. auch Kontakte mit blinden Menschen für ein Gespräch in der Klasse).
Nikolauspflege Stuttgart. Private Bildungsstätte für Blinde und Sehbehinderte, Am Kräherwald 271, 70193 Stuttgart, Tel. 0711-6564-0 (mit Beratungsstelle für blinde Schülerinnen und Schüler, die in einer Allgemeinschule integriert werden).
Deutsche Blindenstudienanstalt e.V., Am Schlag 8, 35037 Marburg, Tel. 06421-6060.
Bundesarbeitsgemeinschaft der Clubs Behinderter und ihrer Freunde e.V., Eupener Str. 5, 55131 Mainz, Tel. 06131-63270 (organisiert u.a. gemeinsame Treffen, Ferienfreizeiten etc.).

[5] H. Halbfas, *Das dritte Auge*, Düsseldorf 1982, S. 128.

»Symbole [wollen] nicht erklärt werden ..., sondern erzählt, gespielt, angeschaut, inszeniert – alles in allem mehr erlebt als gewusst ... Symboldidaktik verlangt einen sinnenhaften Unterricht.«[6] Die Symboldidaktik kann hier zur Einübung in den »inneren Symbolsinn«[7] hinführen; »Stilleübungen im Sinne der Montessori-Pädagogik, Lernen als Weg in die Stille sind geeignet, um die sinnstiftende, integrierende und orientierende Kraft der religiösen Symbole zu entbinden«.[8] Im Hinblick auf die Behinderung »Blindheit« bietet sich das elementare Symbol ›Licht‹ (bzw. ›Finsternis‹) an, das interkulturell existiert und als biblisches Symbol für Gott bzw. Jesus Ausdruck christlicher Grunderfahrungen ist.

In dieser Unterrichtssequenz setze ich u.a. folgende besinnliche Elemente ein: den meditativen Tanz »Geben und Nehmen« im integrativen Unterricht mit J., das Lied »Herr, gib mir Mut zum Brückenbauen« im Rückblick auf die Stunde mit J. sowie die Stilleübung »Im Tal des Lichts«. Sie tragen eine symbolische Dimension in sich, die auf das Thema der jeweiligen Stunden abgestimmt ist und es vertieft. Die Stilleübung »Im Tal des Lichts« soll die symbolische Dimension des Lichtes vertiefen. Die Stilleübung hilft nicht nur, in den »Symbolsinn« einzuführen, sondern entspannt und fördert auch die Konzentration und Phantasie.

---

[6] H. Halbfas, *Religionsunterricht in Sekundarschulen. Lehrerhandbuch 6,* Düsseldorf ^{2}1995, S. 91f.

[7] Halbfas, *Das dritte Auge*, S. 82.

[0] Peter Biehl, »Symbole«, in: *Handbuch religiöser Erziehung, Bd. II: Handlungsfelder und Problemfelder.* Hrsg. von W. Böcker u.a., Düsseldorf 1987, S. 490.

Ziele und Aufbau der Unterrichtseinheit

I. Hauptteil: Überblick über verschiedene Behinderungen

1. Stunde: Welche behinderten Menschen kennt ihr?

Die Schülerinnen und Schüler erzählen von ihren eigenen Erfahrungen mit behinderten Menschen und nennen verschiedene Behinderungsformen. Sie bringen ihre eigenen Ängste und Hemmungen im Umgang mit behinderten Menschen zur Sprache. Sie stoßen indes auf die Schwierigkeit, zwischen Behinderung und Krankheit zu unterscheiden. Sie erhalten eine Arbeitshilfe zur Hausaufgabe, um Behinderungen näher zu bestimmen.

2. Stunde: Welche Arten von Behinderungen gibt es?

Die Schülerinnen und Schüler fassen in einer kurzen Gruppenarbeit die genannten Behinderungen unter Oberbegriffe zusammen. Sie informieren sich gegenseitig über einige Behinderungen anhand ihrer zu Hause erworbenen Sachkenntnisse. Sie treffen auf die Schwierigkeit, die einzelnen Oberbegriffe voneinander abzugrenzen und die Behinderungen diesen zuzuordnen (Metaplan-Technik).

3. Stunde: Marc ist geistig behindert, na und?

Die Schülerinnen und Schüler gewinnen in dieser Diapräsentation erste Einblicke in die Lebenssituation geistig behinderter Jugendlicher, die in einer diakonischen Einrichtung leben. Sie machen sich bewusst, was sie unter einer Geistesbehinderung verstehen. Sie sehen und hören, dass auch geistig behinderte Menschen Spaß am Leben haben, ihr Leben »lebenswert« ist, sie religiös zugänglich sein können und sie (begrenzt) lernfähig sind.

4. Stunde: »Behindert« – was heißt das eigentlich?

Die Schülerinnen und Schüler gewinnen ein Gespür für die Konnotationen des Begriffes »behindert« und problematisieren seine Einseitigkeit und seine darin enthaltene Diskriminierung. Sie formulieren eigene sachliche Definitionen des Begriffes »behindert« und vergleichen sie mit einer juristischen und medizinischen Definition. Diesen soll die biblisch-theologische Sicht vom behinderten Menschen als ein zu achtendes Geschöpf Gottes gegenübergestellt werden.

II. Hauptteil: Schwerpunkt: Blindheit – Lektüre des Jugendbuches »Behalt das Leben lieb« von Jaap ter Haar

5. Stunde: »Blind!«

Die Schülerinnen und Schüler tragen Beers Assoziationen und Ängste zum Stichwort »Blind!« zusammen. Sie versetzen sich in Beers Lage und überlegen eigene Entbehrungen in einer solchen Situation. Sie beschreiben, in welcher Situation Beer am Anfang des Buches steht und führen sich innerlich ihre eigene Gefährdung vor Augen.

6. Stunde: Schwester Wil – ein phantastischer Kerl!

Die Schülerinnen und Schüler skizzieren Umstände bzw. Menschen, die dazu beigetragen haben, dass Beer mit seiner Blindheit zurechtkommen konnte. Sie erläutern, wie Schwester Wil sich Beer gegenüber verhält und ihm hilft. Sie nehmen Stellung zu einigen hilfreichen Sentenzen des Buches. Sie vergleichen Schwester Wil mit Schwester Annie im Hinblick auf ihr Aussehen und ihr Handeln gegenüber Beer.

7. Stunde: Beers Freunde

Die Schülerinnen und Schüler geben in eigenen Worten wieder, wie Beers alte und neue Freunde ihm in seiner neuen Situation begegnen. Sie beurteilen die unterschiedlichen Qualitäten der Freundschaften und versuchen diese zu erklären. Sie machen sich bewusst, was für sie zu einer guten Freundschaft gehört. Sie überprüfen, ob diese Kriterien in den jeweiligen Freundschaften mit Beer erfüllt werden.

8. Stunde: Die Blindenschule in Bussum – Beers einzige Chance!

Die Schülerinnen und Schüler versetzen sich in die Lage von Beers Eltern und sammeln Gründe, die für bzw. gegen die Blindenschule sprechen. Sie stellen zusammen, mit welchen Hilfsmitteln Beer umgehen lernen muss. Sie beschreiben Beers Schwierigkeiten, die Blindenschrift autodidaktisch zu lernen. Sie überlegen sich, warum der Direktor von Beers alter Schule ihn ablehnte. Sie formulieren gemeinsam Fragen, die sie der Blindenschullehrerin stellen möchten.

III. Hauptteil: Sonderschule oder Integration in einer Regelschule?

9. Stunde: Besuch der Blindenschullehrerin Frau C.

Die Schülerinnen und Schüler erhalten allgemeine Informationen über die Blindenschule und die daran angekoppelte Ausbildungsstätte für blinde Menschen. Sie vollziehen das mühselige Erlernen der Brailleschrift in Ansätzen selbst nach. Sie experimentieren mit verbundenen Augen an verschiedenen Gegenständen, die blinde Menschen verwenden bzw. mit denen sie geschult werden. Sie konzentrieren sich dabei auf ihren Hör-, Tast- und Orientierungssinn. Die Schülerinnen und Schüler erhalten Hinweise, wie sie blinden Menschen helfen bzw. wie sie mit ihnen umgehen können.

10. Stunde: Integration – was bedeutet das? Integrativer Unterricht mit dem blinden Mitschüler J.

Die Schülerinnen und Schüler erfahren, wie die Integration ihres blinden Mitschülers im Gegensatz zu der Beers heute möglich gemacht wird. Sie lernen J. ein wenig kennen. Sie erleben, dass Integration im Kleinen anfängt: sich vorstellen, etwas Gemeinsames tun, alle mit einbeziehen und miteinander reden.

IV. Hauptteil: Blindheit und Sehen im übertragenen Sinn

11. Stunde: Innere Dunkelheit – inneres Licht

Die Schülerinnen und Schüler deuten die im Jugendbuch angesprochene »innere Dunkelheit« bzw. das »innere Licht«. Sie übertragen die Aussage des Liedes »Gib uns Mut zum Brückenbauen« auf das Thema »Integration«. Sie erzählen und reflektieren ihre Erlebnisse in den vergangenen beiden Stunden. Sie schreiben zwei Kernsätze des Studenten darüber in ihr Heft. Sie besinnen sich auf das, was in ihrem Leben »Licht« bedeutet.

12. Stunde: Das Licht als Symbol in der Bibel

Die Schülerinnen und Schüler nehmen die symbolische Sprache der Bibel wahr und gehen dem nach, was die Bibel unter »Licht« versteht. Sie erfassen, dass Licht als Symbol für Gott steht und umschreiben seine Eigenschaften und Wirkungen. Sie versuchen, vor ihrem geistigen Auge den Weg in das »Tal des Lichts« innerlich nachzuvollziehen.

Lernkontrolle: Bewertete Hausarbeit

Methodische Hinweise zu den Materialien

I. Hauptteil: Überblick über verschiedene Behinderungen

1. Stunde: Welche behinderten Menschen kennt ihr?

Welche behinderten Menschen kennt ihr?	• Rundkreisgespräch: Die Schülerinnen und Schüler erzählen reihum und gehen auf folgende Fragen ein: Welche behinderten Menschen kennt ihr? Inwiefern sind sie behindert? • Begleitender Arbeitsauftrag an eine Schülerin / einen Schüler: Schreibe mit großen Buchstaben die genannten Behinderungsarten auf die grünen Streifen. • Zwischenbilanz durch Schülervortrag: Eine Schülerin / ein Schüler trägt nach dem Rundgespräch die erwähnten Behinderungen vor und klebt sie an eine freie weiße Wand, wobei die ähnlichen Behinderungen, Krankheiten bzw. Einschränkungen nebeneinander angebracht werden.
Über welche Behinderung werdet ihr euch näher informieren?	• Vorbereitung der nächsten Stunde durch vertiefende Hausaufgabe: Informiert euch selbständig mit Hilfe eines allgemeinen Lexikons über diese Behinderungsart. Fragt eventuell eure Eltern, Geschwister o.a. Schreibt auf **M 1,** wie sie bezeichnet wird, wie sie entstanden ist, wie sie sich auswirkt und wie man sie unter Umständen ausgleichen kann. • Die Lehrerin / der Lehrer koordiniert die Verteilung, um eine größere Bandbreite an Behinderungsarten zu gewährleisten. • Exemplarische Lösungshilfe: Die Lehrerin / der Lehrer erarbeitet gemeinsam mit den Schülerinnen und Schülern das Beispiel »Blindheit« als Lösungshilfe, das diese in ihre Hefte übertragen (siehe unten: Geplanter Tafelanschrieb).
Verwendete Materialien:	• Metaplanmaterialien: grüne längs halbierte DIN-A5-Karten (für Behinderungsarten), dicker Stift, Klebestreifen (oder Reißzwekken), **M 1**.

Geplanter Tafelanschrieb

<u>Hausaufgabe</u>: **M 1** ausfüllen. <u>Beispiel</u>: Bezeichnung? Ursachen? Auswirkungen? Ausgleichsmöglichkeiten?	<u>Thema der UE: »Behindert?«</u> ⇒ Blindheit ⇒ Unfall, Infektion ⇒ Ein blinder Mensch kann z.B. die Natur oder die Gesichter seiner Mitmenschen nicht sehen; bei unbekannten Wegen ist er auf die Hilfe anderer angewiesen; er kann Gedrucktes nicht lesen. ⇒ Ein blinder Mensch kann verschiedene Pflanzen an ihrem Geruch und ihrer Form erkennen; er unterscheidet Menschen nach ihren Stimmen; er lernt freies Gehen mit Hilfe eines Stockes und das Lesen durch das Tasten einer Punkteschrift.	

2. Stunde: Welche Arten von Behinderungen gibt es?

Welche Oberbegriffe könnt ihr für diese Behinderungen finden?

- Die Schülerinnen und Schüler stehen um die weiße Wand mit den Begriffen aus der vorigen Stunde und lesen die genannten Behinderungsformen.
- Die Lehrerin / der Lehrer klebt eine blaue Karte »Oberbegriffe« und eine grüne Karte »Beispiele« als Ordnungshilfe links an die Wand.
- Aufgabe in Gruppenarbeit: Schreibt Oberbegriffe für diese Behinderungen auf die blauen Karten. Ordnet eure jeweilige Behinderungsart diesen unter.
- Die Schülerinnen und Schüler erklären kurz ihr Ordnungssystem (möglicher Erwartungshorizont siehe **M 2**).
- Die Lehrerin / der Lehrer schlägt evtl. weitere Kategorien vor.
- Aufgabe in Stillarbeit: Nehmt das Blatt quer und übertragt die Anordnung mit den Begriffen an der Wand in euer Heft.

Was für Behinderungen stehen hinter diesen Begriffen?

- Nachfragen: Welche der genannten Behinderungen sind euch noch unklar? Tragt nun vor, was ihr über diese Behinderung herausgefunden habt.
- Die Schülerinnen und Schüler legen die Ergebnisse ihrer Hausaufgabe dar.
- Die Lehrerin / der Lehrer gibt ggf. Korrekturen oder Ergänzungen.

Verwendete Materialien

- Metaplanmaterialien: Blaue längs halbierte DIN-A5-Karten (für Oberbegriffe), dicker Stift, Klebestreifen (oder Reißzwecken).

3. Stunde: Marc ist geistig behindert, na und?

Was heißt es, »geistig behindert« zu sein?

- Impuls: Wer von euch kennt einen jungen geistig behinderten Menschen? Was versteht ihr eigentlich unter einer »geistigen Behinderung«? Wie ist ein geistig behinderter Mensch? Was verbindet ihr mit dem Wort »Geist«? Kann der menschliche »Geist« behindert sein?
- Hinweis: Es ist besser, von »Gehirnschädigung« zu sprechen, um an dieser Stelle von »Behinderungen infolge von psychischen Störungen« abzugrenzen.

Marc ist geistig behindert, na und?

- Die Lehrerin / der Lehrer zeigt einige Dias und liest dazu einen erzählerisch gehaltenen Text der Evangelischen Medienzentrale Stuttgart. Die Lehrerin / der Lehrer fordert die Schülerinnen und Schüler auf, dazwischen Fragen zu stellen! Je nach Zeit lässt sie / er Dia 11 und 12 weg.
- Begleitaufgabe: Macht euch während des Diavortrages Notizen zu den zwei Fragen: Welche Auswirkungen hat Marcs geistige Behinderung? Welche Fähigkeiten sind ihm geblieben?
- Fragen bei der Nachbesprechung: Welchen Eindruck habt ihr von Marc und Uwe? Was habt ihr aufgeschrieben? (→ siehe: Geplanter Tafelanschrieb).
- Hinweis: Epilepsie ist keine geistige Behinderung und führt auch nicht dazu! Sie kann heute meistens medikamentös beherrscht werden. Wichtig: Geistesbehinderungen sind so vielschichtig; es ist besser von einzelnen Personen zu sprechen, die einen Namen haben!

Warum lebt Marc im Heim?

- Vertiefender Ausblick: Welche Gründe spielen wohl eine Rolle, dass geistig behinderte Kinder und Jugendliche in einem Heim leben? (Diskussionsrichtung: Schwere der Behinderung, Alter der Eltern, Scheidung oder Tod eines Elternteils, weitere behinderte Geschwister, qualifizierte Förderung nicht in der Nähe, Loslösung mit dem Erwachsenwerden eines behinderten Menschen.)

Verwendete Materialien:

- Die Diareihe »*Marc*« umfasst im Ganzen zwölf Realphotos; die Aufnahmen sind aktuell (1994). Heinz Kauber hat die ausführliche Arbeitshilfe herausgegeben. Sie sind für die Klasse 7–10 ausgeschrieben. Die Diareihe ist bei der Evangelischen Medienzentrale in Stuttgart unter der Nummer 2604 beziehbar.

Geplanter Tafelanschrieb

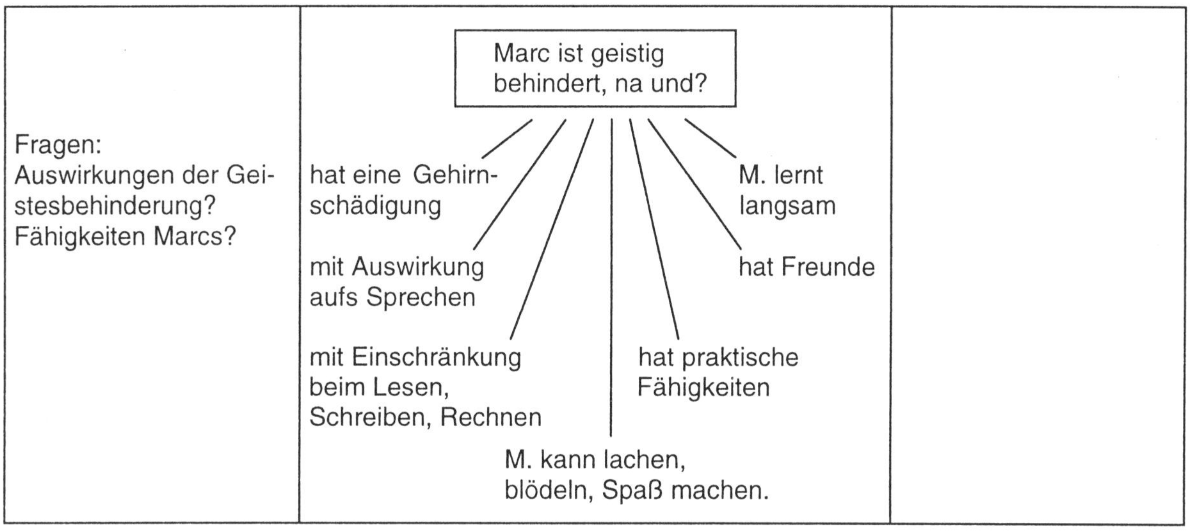

4. Stunde: »Behindert« – was heißt das eigentlich?

»Mensch! Biste behindert oder was!?«

- Visueller Impuls: Die Lehrerin / der Lehrer zeigt eine Karikatur auf Overhead-Folie mit zwei Jungen, linke Hälfte und Bildmitte zunächst abgedeckt (**M 3**).
- Eine Schülerin oder ein Schüler liest die Sprechblase vor: »Mensch! Biste behindert oder was?!«
- Impuls der Lehrerin / des Lehrers: Was könnte vorgefallen sein, bevor der größere Junge das sagt? Mit welcher Absicht sagt der ältere Junge das? Was bedeutet in dieser Situation das Wort »behindert«?
- Das Bild wird schließlich ganz gezeigt.
- Überleitung: In den letzten Stunden begegnete uns das Wort »behindert« im neutralen, fast medizinischen Zusammenhang. Heute geht es darum, wie das Wort »behindert« zu verstehen ist und wie es auch im Alltag gebraucht wird.

Was heißt das »behindert sein«?

- Aufgabe in Partnerarbeit: Formuliert zusammen mit eurer Nachbarin bzw. eurem Nachbarn, wie eine neutrale, sachliche Definition des Wortes »behindert« lauten könnte.

- Zwei bis drei Schülerinnen und Schüler tragen ihre Ergebnisse vor. (Etwaige Formulierungsversuche der Schülerinnen und Schüler siehe: Geplanter Tafelanschrieb.)
- Unterrichtsgespräch ggf. mit folgenden Fragen: Was ist normal? Wer bestimmt das? Sind nicht alle Menschen voneinander abhängig? Sind alle Säuglinge behindert?
- Aufgabe: Vergleicht nun eure Definitionen mit der einer juristischen, d.h. gesetzlichen, und medizinischen Begriffsbestimmung. Die Lehrerin/der Lehrer teilt **M 4** aus. Zwei Schülerinnen und Schüler lesen die Definitionen laut vor.
- Arbeitsfragen: Gibt es Formulierungen, die ihr nicht ganz versteht (»funktionelle Einschränkung«/»Funktionsbeeinträchtigung«)? Welche Aspekte sind dazugekommen? Was würdet ihr in eure Definition übernehmen?

Was ist das Problematische an dem Begriff »behindert«?

- Impuls: Was ist das Problematische an dem Begriff »behindert«?
- Darauf aufbauende weiterführende Fragen: Warum ist der Begriff einseitig bzw. unfair? Was passiert, wenn man von jemandem sagt, er sei behindert, und von einem anderen, er sei nicht-behindert? Welche Nebenbedeutungen hat das Wort (vgl. Karikatur zu Beginn der Stunde)? Welche andere – bessere – Möglichkeiten gibt es, von »Behinderten« zu sprechen? (Siehe: Geplanter Tafelanschrieb.)
- Jugendbuch »Behalt das Leben lieb« von J. ter Haar austeilen.
- Hausaufgabe: Jugendbuch über die Ferien lesen und einen kurzen inhaltlichen Überblick auf **M 5** schreiben.

Verwendete Materialien

- **M 3**: Karikatur »Mensch! Biste behindert oder was!?«, **M 4**: Medizinisch-rechtliche Definition; **M 5:** Inhaltlicher Überblick über das Jugendbuch; **M 6**: Erwartungshorizont für **M 5**.

Geplanter Tafelanschrieb

»Behindert« – was heißt das (?) eigentlich?	Was ist das Problematische an dem Begriff »behindert«? ϟ	Alternativen?
Behindert ist ein Mensch, der … – nicht alles machen kann, was man normalerweise tun kann, – von der Hilfe anderer abhängig ist. …	• Er unterscheidet Behinderte von Nichtbehinderten und sondert sie ab, obwohl die Grenzen zwischen behindert, krank und schwach fließend sind. • Er enthält etwas Endgültiges. • Es werden nur die Defizite des Menschen angesehen, nicht seine Gaben und Fähigkeiten. • Viele setzen ihn mit »ungeschickt, dumm, geistig beschränkt« gleich.	»behinderte Menschen« / »Menschen mit Behinderungen« / Name X.Y. ⇓ Menschen mit Behinderungen sind zu achtende Geschöpfe Gottes!

5. Stunde: »Blind!«

Wie findet ihr das Jugendbuch »Behalt das Leben lieb«?	• Die Lehrerin / der Lehrer weist auf den neuen Unterrichtsabschnitt zum Thema »behindert?« hin: Schwerpunkt »Blindheit« und notiert den Autor und Titel des Jugendbuches. • Raum für spontane Eindrücke der Schülerinnen und Schüler: Wie hat euch das Buch im Ganzen gefallen? Hilft das Jugendbuch, sich in einen blinden Menschen hineinzuversetzen? Ist es glaubwürdig beschrieben?
Was ist passiert?	• Kurze mündliche Rekapitulation: In welcher Situation befindet sich Beer am Anfang des Buches? Was hat sich zuvor ereignet? • Die Schülerinnen und Schüler lesen einen kleinen Textabschnitt laut vor: S.17 unten »Wollt ihr mir jetzt erzählen, was mit mir passiert ist?« bis S.18 Mitte »der entfallene Zeitraum von zwei Tagen und drei Nächten durch Worte überbrückt.« • Aufgabe in Stillarbeit: Schließt kurz für eine Minute die Augen und überlegt still für euch, in welchen gefährlichen Situationen ihr gerade noch einem schweren Unfall entgangen seid ... • Als Abschluss der Stille liest die Lehrerin / der Lehrer das Zitat von Richard von Weizsäcker: »Nicht behindert zu sein ist kein Verdienst, sondern ein Geschenk, das jedem von uns jederzeit genommen werden kann.« (Quelle s.u.)
»Blind!«	• Arbeitsteilige Aufgabe der Gruppenarbeit: Was verbindet Beer mit »Blindsein«? Welche Ängste treiben ihn um? • Textgrundlage: Gruppe 1 liest S.12 »Blind!« unten bis S.13 »mit ziemlicher Ruhe nachzudenken vermochte.« Gruppe 2 liest S.21 Mitte »Blind!« (2 Absätze) und S. 25 »Blind!« Mitte bis zum Ende des Absatzes. • Je zwei Gruppen beantworten die Fragen aus ihren jeweiligen Texten (insgesamt vier Gruppen). • Gruppe 1 und Gruppe 2 tragen ihre Ergebnisse vor. Die Schülerinnen und Schüler ergänzen dabei Fehlendes in ihr Heft.
Wie würde es euch ergehen?	• Mögliche vertiefende Fragen: Welche Ängste und Zweifel von Beer kannst du besonders gut nachvollziehen? (Evtl. im Heft umkreisen oder unterstreichen.) Gibt es noch anderes, was dich in dieser Situation beschäftigen würde? (Vgl. S.76: »›Mein Gott.‹ Wieder überfiel ihn die Angst, dass er fortan hässlich aussehen würde. Dass er die Menschen abschreckte. Und vor allem: dass ihn nie ein Mädchen ansehen würde. Wäre das nicht das Schlimmste von allem?«) Was würdest du nicht mehr tun können? Was würde dir sehr fehlen? Würdest du auch denken, dein Leben sei verpfuscht? Warum?
Verwendete Materialien	• Zitat von R. v. Weizsäcker (Weihnachtsansprache 1987. Zitiert aus: S. Knauth, Behindertes Kind. Ratgeber durch das Behindertenrecht, München 1995, Vorwort.), Jugendbuch »*Behalt das Leben lieb*« von J. ter Haar. Aus dem Niederländischen von H.-J. Schädlich übersetzt (Originaltitel: »Het wereldje van Beer Ligthart«). München ^{22}1998.

Geplanter Tafelanschrieb

Gruppe 1: S.12 unten bis S.13.	Jugendbuch von Jaap ter Haar: »Behalt das Leben lieb«	Gruppe 2: S.21 Mitte und S.25 Mitte.
• dunkle Brille, weißer Stock • hilfloses Vorwärtstasten • lebenslang von anderen abhängig • Blindenanstalt? • Trennung der Eltern? • schrecklich für seine Eltern! • aber, es gibt Schlimmeres! • Blindenschrift lernen..	»Blind!« Aufgabe: – Was verbindet Beer mit »Blindsein«? – Welche Ängste treiben ihn um? Ein verpfuschtes Leben???	• warum gerade er? • am Arm der Eltern herumtappen • beim Essen kleckern • von jedermann abhängig • Mitleid und Wohltätigkeit erhalten • Freundin / Frau? • kein Sport mehr • keine Chance, Arzt zu werden • …

6. Stunde: Schwester Wil – ein phantastischer Kerl!

Was bzw. wer hilft Beer weiter?	• Eingangsfragen: Wie gelingt es Beer, mit seiner Blindheit zurechtzukommen? Welche wichtigen Ereignisse und Begegnungen helfen ihm dabei? • Die Schülerinnen und Schüler äußern ihre spontanen Ansichten (andere Menschen, Hilfsmittel, baut sich selbst auf). **M 4** dient der Orientierung im Buch.
Worte, die weiterhelfen?	• Je drei Schülerinnen und Schüler erhalten drei gelbe A6-Karten mit einem Zitat aus dem Jugendbuch und eine weiße Aufgabenkarte. • Aufgabe in Kleingruppenarbeit: Lest die Karte still für euch. Findet heraus, wer dies gesagt oder gedacht hat. Tauscht euch darüber aus, ob das Worte sind, die euch weiterhelfen würden. Einigt euch, wer welche Karte nimmt. • Alle Schülerinnen und Schüler lesen ihre Karten nacheinander vor (und kleben sie in ihr Heft).
Schwester Wil – ein phantastischer Kerl!	• Eine Schülerin / ein Schüler liest S.14 oben »Ich bin doch blind, nicht?« bis S.14 unten »obwohl er sie noch nie gesehen hatte?« • Ausgangsfrage: Warum ist Schwester Wil in seinen Augen ein phantastischer Kerl? (Sie sagt ihm die Wahrheit, nimmt ihn ernst …) • Die Schülerinnen und Schüler lesen S.25 unten Absatz »Schritte …« bis S.28 oben »narbigen Wange«. • Aufgabe: Fasst in Stillarbeit zusammen, wie Schwester Wil Beer hilft. • Die Schülerinnen und Schüler tragen ihre Ergebnisse vor, die die Lehrerin / der Lehrer währenddessen an die Tafel schreibt.
Schwester Annie und Schwester Wil: Hilfe als Dienstleistung contra helfender Dienst der Nächstenliebe	• Problematisierung: Wie unterscheidet sich Schwester Wil von Schwester Annie? (vgl. S.20–22, S.19 unten bis S.20 Mitte: Äußerlich ist Schwester Annie zwar fröhlicher und laut Beers Vater hübscher, aber sie ist nicht sehr feinfühlig und rücksichtsvoll; sie geht nicht auf ihn ein; sie redet nicht mit ihm, geht über seine Bedürfnisse hinweg … → das Äußere ist Beer gleichgültig geworden!)

- Welche Arten, Menschen zu helfen, werden von Schwester Wil und Schwester Annie repräsentiert? (Echte freundschaftliche Hilfe am Menschen, Dienst der Nächstenliebe contra Hilfe als Dienstleistung, oberflächliche Grundversorgung.)
- Impuls: Sind Menschen, die schon einmal an sich selbst Leid erfahren haben, »bessere Menschen«? – Warum? (sensibler, verständiger, können besser mit anderen Menschen umgehen) – Warum nicht? (Dies ist nicht zwangsläufig so, andere werden verbittert, verschließen sich ...)

Verwendete Materialien:
- Jugendbuch; **M 4**: Übersicht; **M 7**: Weiße Karten mit Aufgaben; **M 8**: Gelbe Karten mit Zitaten aus dem Jugendbuch.

Geplanter Tafelanschrieb

Schwester Wil –
ein phantastischer Kerl

S.14
- ♦ Sie ist ehrlich zu ihm und nimmt ihn ernst. Beer kann ihr vertrauen.

S.25ff.
- ♦ Sie bleibt ruhig und behandelt ihn ganz normal.
- ♦ Sie versteht ihn, weil sie wegen ihres Narbengesichtes schon Ähnliches gedacht hat. Sie vertraut ihm »ihre Geschichte« an.
- ♦ Sie macht ihm klar, dass es immer einen »neuen Anfang«, d.h. Hoffnung und Zukunft gibt.
- ♦ Sie zeigt ihm, dass er mit seinem Leid nicht allein ist.
- ♦ Sie ermahnt ihn, selbst dafür zu sorgen, dass seine Blindheit ein »kleines Drama« bleibt.
- ♦ Sie fordert ihn auf, positiver zu denken und dankbar zu sein.

Freundschaftliche Hilfe am ganzen Menschen,
Dienst der Nächstenliebe

7. Stunde: Beers Freunde

Was gehört zu einer »guten Freundschaft«?
- Impuls: Was gehört für euch zu einer guten Freundschaft dazu?
- Die Lehrerin / der Lehrer schreibt die genannten Stichworte an der Tafel mit.

Beers Freunde
- Welche Freunde hat bzw. gewinnt Beer? Die Lehrerin / der Lehrer sammelt die Namen an der Tafel.
- Die Schülerinnen und Schüler lesen S.85 »›Lieber Beer‹, begann Dikkie ...« bis Kapitelende (S.91) laut vor.
- Die Lehrerin / der Lehrer teilt **M 9** aus.
- Fragen der mündlichen Erarbeitung: Wie verhalten sich die Fußballfreunde gegenüber Beer? Wie verhält sich Tjeerd im Vergleich dazu? Wie wirkt das auf Beer? Wie würdet ihr diese Freundschaft beurteilen?

- Die Lehrerin / der Lehrer hält die Ergebnisse auf einer vorbereiteten Overhead-Folie (Kopie von **M 9**) fest. (Erwartungshorizont siehe **M 10**.)

Wie haben sich Beers Freundschaften verändert?

- Aufgabe: Wie entwickelten sich diese Beziehungen weiter? Findet dies in der Gruppenarbeit heraus. Lest die unter b.) angegebenen Seiten für euch durch. Beantwortet die Fragen in wenigen Sätzen. Schreibt abschließend diese Sätze in die Spalten der Folie sauber ab, so dass sie von allen gelesen werden können.
- Je zwei Gruppen bearbeiten den unter b.) angegebenen Text.
- Jede Gruppe liest ihre Ergebnisse vor. (Erwartungshorizont siehe **M 10**.)
- Vertiefende Fragen: Sind eure Kriterien von einer guten Freundschaft jeweils erfüllt? Warum bzw. warum nicht? Haben Beers Fußballfreunde ihn hängen lassen? Hätten sie nicht öfters mit ihm gemeinsam auf dem Tandem, das sie ihm geschenkt haben (S.86), fahren können? Wie wichtig ist er ihnen? Was hat sich an Beers Freundschaften verändert? Was sind die Gründe dafür?
- Die Lehrerin / der Lehrer formuliert zusammen mit den Schülerinnen / den Schülern ein Fazit.

Verwendete Materialien

- **M 9**: »Beers Freunde«, Kopie von **M 9** auf Overhead-Folie, Jugendbuch, **M 10**: Erwartungshorizont für das Arbeitsblatt »Beers Freunde«.

Geplanter Tafelanschrieb

<u>Was gehört zu einer »guten Freundschaft«</u>? * Gespräche * Verständnis * gegenseitige Zuneigung * gemeinsame Interessen / Hobbys * ähnliche Denkweisen * Gemeinsam durch »dick und dünn« gehen …	<u>Beers Freunde</u> alte Freunde: Bennie, Goof, Dikkie, Gomp, Harry, Geert u.a. **Fußballfreunde** neue Freunde: Schw. Wil, der Student, Tinka, **Tjeerd**, Gerrit Aufgabe: Gruppe 1 u. 2: Fußballfreunde b.) Gruppe 3 u. 4: Tjeerd b.)	<u>Fazit</u>: Beers Freundschaften haben sich verändert, weil sich seine Fähigkeiten und Interessen durch die Blindheit verschoben haben. Es gibt für Beer Grenzen der Anpassung an die Interessen von Sehenden. Mitleid mit ihm ist keine Basis für eine Freundschaft; es müssen echte Gemeinsamkeiten vorhanden sein.

III. Hauptteil: Sonderschule oder Integration in einer Regelschule?

8. Stunde: Die Blindenschule in Bussum – Beers einzige Chance!

Hilfsmittel für Beer

- Eingangsfragen: Welche Gegenstände hat Beer erhalten, die ihm sein Leben erleichtern sollen? (Siehe: Geplanter Tafelanschrieb.)

Was muss Beer neu dazulernen?

- Hinweis: Beer muss nicht nur lernen, als blinder Mensch Fremden unter die Augen zu treten (S.30), zu essen und zu gehen (S.44f.).

Für seine schulische und berufliche Zukunft ist das Punkteschriftlesen und Schreibmaschinenschreiben sehr wichtig (S.93).

- Wie verläuft Beers Tagesablauf? Schülerinnen und Schüler lesen S.93 und S.97 oben bis Mitte laut vor.
- Wie geht es Beer mit dem Lernen? (Große Schwierigkeiten und Mühe, die Brailleschrift zu lernen.)
- Warum kann die alte Schule Beer nicht aufnehmen? Die Schülerinnen und Schüler äußern ihre Vermutungen darüber. (Schwierige Aufgabe für Beers ehemalige Lehrer; fehlende Lehrbücher in Blindenschrift, S.65, keine Fachleute; Unterricht könnte sehende Klassenkameraden aufhalten, S.109.)

Die Blindenschule in Bussum – Beers einzige Chance!

- Welche Möglichkeiten bietet die Blindenschule in Bussum?
- Schülerinnen und Schüler lesen S.130 oben »Jetzt war es Vater …« bis S.135 zum Absatz unten laut vor.
- Aufgabe: Schreibt in Stichworten die Gründe auf, die für bzw. gegen den Besuch der Blindenschule sprechen.
- Die Lehrerin / der Lehrer gibt zwei Beispiele vor. Die Schülerinnen und Schüler erarbeiten für sich den gelesenen Textabschnitt.
- Die Schülerinnen und Schüler tragen ihre Ergebnisse vor, die an der Tafel fixiert werden. (→ Siehe: Geplanter Tafelanschrieb.)

Fragen an die Sonderschullehrerin

- Die Lehrerin / der Lehrer kündigt den Besuch der Sonderschullehrerin Frau C. als eine Chance an: »Sie wird auf eure Fragen eingehen und praktische Übungen mit euch machen.«
- Aufgabe in Kleingruppenarbeit: Schreibt alle Fragen zur Blindenschule und zum Unterricht mit blinden Schülern auf, die ihr stellen wollt.
- Zwei bis drei nebeneinander sitzende Schülerinnen und Schüler schreiben auf separaten Blättern ihre Fragen auf.
- Die Schülerinnen und Schüler lesen ihre Fragen vor (ohne Wiederholungen).
- Die Lehrerin / der Lehrer sammelt die Blätter ein und gibt diese an die Sonderschullehrerin weiter.

Verwendete Materialien

- Jugendbuch
- leere Blätter.

Geplanter Tafelanschrieb

Einige wichtige Hilfsmittel für Beer	Die Blindenschule in Bussum – Beers einzige Chance! (Textgrundlage: S.130–135)	
• Brailleschreibmaschine, normale Schreibmaschine, großes Regal mit vielen Fächern (S.56ff.) • weißer Blindenstock (S.67) • Tandem (S.86) • Tonbandgerät (S.101) • halbstündig schlagende Uhr (S.117)	Gründe dafür: + Gemeinschaft mit anderen in ähnlicher Lage + effektiverer, gezielterer Unterricht (schneller Brailleschrift lesen lernen, Reliefzeichnungen in Mathe, Gehörtraining etc.) + Zusammenarbeit mit der »normalen« Oberschule (Druck von Lehrbücher, Arbeitsblätter in Blindenschrift) + berufliche Ausbildungsmöglichkeiten + Erziehungsziele: Stärkung der Willenskraft, des Selbstvertrauens, der Ausdauer und des Mutes + mehr Sport- und Freizeitangebote: Rollschuhe, Spiele in Blindendruck, Judo, Reiten, Schwimmen, Gymnastik, Wandball mit Wettkämpfen + Eltern werden durch Sozialarbeiter begleitet	Gründe dagegen – aus der alten Klasse herausgerissen – wohnt weit weg von seinen Freunden (Abschied von Tjeerd) – muss zunächst im Internat leben – sieht seine Familie nur am Wochenende – später: Umzug der ganzen Familie nach Bussum

9. Stunde: Besuch der Blindenschullehrerin Frau C.

Was macht die Blindenschule?	• Vorstellung unseres Besuches. • Frau C. berichtet über ihre speziellen Aufgaben als Beraterin an der Blindenschule, über den Schulalltag eines blinden Kindes, über die Schulsituation und Ausbildungsmöglichkeiten in Deutschland allgemein. Dabei geht sie auf vorbereitete und neue Fragen der Schülerinnen und Schüler ein.
Wie funktioniert die Brailleschrift?	• Frau C. erklärt kurz, wie die Punkteschrift erfunden wurde, wer Louis Braille war und nach welchem Prinzip die Punkteschrift aufgebaut ist. • Aufgabe in Einzelarbeit: Die Schülerinnen und Schüler erhalten je ein Blatt mit dem Blindenschrift-Alphabet und einem einheitlichen Übungstext **M 11** (s.u.). • Die Schülerinnen und Schüler entziffern diesen Text und lesen ihn anschließend laut vor: »Man sieht nur mit dem Herzen gut. Das Wesentliche ist für die Augen unsichtbar.«
Wie macht ein blinder Mensch das?	• Auf verschiedenen Tischen werden Gegenstände von blinden Menschen zur Verfügung gestellt (Blindenschreibmaschine, Hör- und Tastgegenstände, Blindenstock etc. – je nach Auswahl aus der Blindenschule). • Spielerische, frei gewählte Experimente: Die Schülerinnen und Schüler verdecken ihre Augen mit speziellen Binden und probieren gemeinsam oder allein diese Gegenstände aus.
Was muss ich beim Umgang mit blinden Menschen beachten?	• Abschließend gibt Frau C. letzte Hinweise im Umgang mit blinden Menschen im Allgemeinen und im gemeinsamen Unterricht mit einem blinden Schüler im Besonderen.
Verwendete Materialien	• Braille-Alphabet (z.B. über die regionalen Blindenverbände oder Kopie aus einem Konversationslexikon), **M 11** Textbeispiel in Punkteschrift (Zitat aus: »Der kleine Prinz« von Antoine de Saint-Exupéry, Düsseldorf 1982, S. 52), diverse andere Medien der Blindenschule.
Alternative	• Sieben Stationen für eine Freiarbeitsstunde (siehe Anhang).

10. Stunde: Integration – was bedeutet das? Integrativer Unterricht mit dem blinden Mitschüler J.

Integration – was bedeutet das?	• Tische an den Rand, Stuhlkreis, Vorstellung von J., seiner Klassenlehrerin, Frau S., und seines Zivildienstleistenden, J.K. • Die Lehrerin / der Lehrer kündigt das heutige Thema an: »Integration«. Einleitende Frage: Wenn jemand integriert wird, was passiert dann? • Schülerinnen und Schüler äußern ihre ersten Vermutungen (etwa: jemanden in die Gruppe mit einbeziehen ...) • Lehrerinnen / Lehrer-Information: Integration (lat.) bedeutet »Eingliederung«, »die Wiederherstellung eines Ganzen bzw. einer Einheit« (Stichwort »Integration« aus dem *Duden-Fremdwörterbuch*). In Bezug auf die Integration von behinderten Kindern in der Schule heißt das, dass behinderte Kinder nicht abgesondert von nichtbehinderten Kindern in sog. Sonderschulen gehen. Sie besu-

	chen vielmehr eine allgemeine Schule mit allen anderen Kindern zusammen, wie auch J. hier an unserer Schule. • Konkretion: Integration fängt im Kleinen an. Zur Integration gehört es, alle gleichwertig mit einzubeziehen. Das bedeutet heute für uns, dass nicht nur ihr euch untereinander kennt und ihr etwas von J. erfahrt, sondern dass auch ihr euch vorstellt und J. euch kennen lernt. • Vorstellungsrunde: Alle Schülerinnen und Schüler stellen sich kurz mit Namen, Wohnort und Hobbys vor.
Meditativer Tanz: »Geben und Nehmen«	• Einführung: Integration bedeutet: Geben und Nehmen. So heißt auch der Tanz, den ich mit euch einüben und tanzen möchte. • Organisation: Stühle an den Rand stellen. • Die Lehrerin / der Lehrer erklärt den symbolischen Gehalt des Tanzes und führt einige Grundbewegungen vor (siehe **M 12**): Es ist ein besinnlicher, meditativer Tanz; der Kreis versinnbildlicht die Gemeinschaft; das Hineintreten in den Kreis symbolisiert das Aufeinanderzugehen des Einzelnen auf den Anderen; das Vorwärts- und Zurückgehen in die Vergangenheit und Zukunft schauen; das Wiegen bedeutet das Leben in der Gegenwart; die Handbewegungen verdeutlichen, dass zu jeder Beziehung ein Geben und ein Nehmen gehört ... • Die Lehrerin / der Lehrer übt mit den Schülerinnen und Schülern den Tanz ein und tanzt ihn dann zweimal durch (siehe **M 12**).
Integration von Beer und J. in seinem Freundeskreis und seiner Schule	• Wieder den Stuhlkreis bilden. • Impuls: Wie ist Beer in seinem Freundeskreis und in der Schule integriert? Was muss Beer dazu tun? Was tun die anderen? • Mögliche Ansatzpunkte: S. 61: Beers Anspruch auf alle Aufmerksamkeit, Erwartung von Mitgefühl, auch er muss wieder einer der ihren werden, »den Sprung von Saal 3 in die kleine Welt seines Zuhauses schaffen ...«; S. 86ff.: Fußballfreunde versuchen ihn einzubeziehen, Tjeerd wird sein Freund und hilft ihm beim Lernen; S. 108: Absage der alten Schule ... • Je nach Situation der Klasse und Bereitschaft von J. vertiefendes Unterrichtsgespräch: Was bedeutet für dich, J., die Integration an unserer Schule? • Die Schülerinnen und Schüler können einander weitere Fragen stellen ... (z.B.: Was hat sich nun verändert? Was hast du ganz neu für dich dazugelernt? Welche Voraussetzungen mussten für deine Integration geschaffen werden? Gibt es irgendetwas von der Blindenschule, was du vermisst? Wie gefällt es dir in deiner neuen Klasse?)
Verwendete Materialien	• Stichwort »Integration« aus dem *Fremdwörterbuch*, Duden, hrsg. von Drodowski u.a., Mannheim u.a. ³1974. Bd. 5, S. 332; **M 12**: Meditativer Tanz »Geben und Nehmen«, Musik: »To the Holy Land« (2'13) von G. Feidmann (CD: »The Singing Clarinet«, Nr. 88582, im Verlag »pläne« GmbH, Dortmund 1987 herausgegeben), CD-Player, Jugendbuch. [Weitere Tanzbeschreibungen von Hilda M. Lander und Maria-Regina Zohner u.a., *Lernerlebnis Tanz. Meditatives Tanzen in Gruppen,* Mainz 1997.]
Alternativ	• Ausführliche Zeitungsartikel über J. im »Schwäbischen Tagblatt« vom 30.3.1996 und 26.3.1999.

11. Stunde: Innere Dunkelheit – inneres Licht

»Herr, gib uns Mut zum Brückenbauen«

- Liturgischer Einstieg: Die Lehrerin / der Lehrer teilt das Liederbuch »Fontäne« aus und singt gemeinsam mit den Schülerinnen und Schülern das Lied »Herr, gib uns Mut zum Brückenbauen« (evtl. mit Begleitung von Gitarre oder Flöte).
- Transfer / Impuls: Was hat dieses Lied mit unserem Thema zu tun? (Übertragene Bedeutung von »Brückenbauen«: Beziehungen knüpfen, auf behinderte Menschen zugehen, Hemmungen überwinden, ...)
- Überleitung: Ich hoffe, dass die letzten Stunden auch dazu beigetragen haben, »Brücken zu bauen« ...

Rückblick auf die beiden Besuchsstunden

- Standortbestimmung / Rückblick: Mich interessiert nun sehr, wie ihr die letzten beiden Stunden mit Frau C. und J. erlebt habt. Was hat euch in den letzten beiden Stunden beeindruckt, zum Nachdenken gebracht? Was hat euch besonders Spaß gemacht? Gab es etwas, was ihr nicht so gut fandet? Wenn ja, was? Warum?
- Die Schülerinnen und Schüler äußern ihre Eindrücke und Kritik.
- Aufgabe in Stillarbeit: Als abschließende Zusammenfassung schreibt mindestens fünf Sätze über eure Eindrücke in den beiden Besuchsstunden ins Heft.

Blindheit im übertragenen Sinn: innere Dunkelheit

- Überleitung: Heute beenden wir die Arbeit mit dem Jugendbuch. In ihm wird immer wieder von einer andern Art von Blindheit gesprochen: »... es [wurde] in seinem Kopf vollkommen dunkel« (S.83). »Dann senkte sich die Blindheit unentrinnbar auf ihn nieder« (S.105).
- Interpretative Fragen für mündliche Erarbeitung: Was ist mit dieser inneren Dunkelheit gemeint? In welchen Situationen wird es tatsächlich ganz dunkel in Beer?
- Schülerinnen und Schüler äußern ihre Vermutungen (Angst, Verzweiflung, Hoffnungslosigkeit, Misstrauen, Wut ...).
- Impuls: Sind wir in diesem Sinne nicht alle blind?

›Sehendsein‹ im übertragenen Sinn: inneres Licht

- Überleitung: Nun gibt es einen, der dem etwas entgegen bringt und von einer Helligkeit, ein Licht in Beer / in uns spricht. Mit der Begegnung des Studenten beginnt für Beer ein Prozess des innerlich Sehendwerden.
- Die Schülerinnen und Schüler lesen auf S.58 Worte des Studenten (siehe unten).
- Aufgabe: Übertragt diese zwei Kernsätze in euer Heft.
- Vertiefung: Wann wird es in dir hell? Male eine Sonne und schreibe auf deine Sonnenstrahlen, was für dich »inneres Licht« ist.
- Die Schülerinnen und Schüler tragen ihre Gedanken dazu vor und schreiben sie an die Tafel.

Verwendete Materialien

- Lied: »Herr, gib mir Mut zum Brückenbauen« von K. Rommel / P. Bischoff (Aus: *Fontäne*, hrsg. von O. Schweitzer und K. Häberle, Stuttgart [6]1983, S. 126f.)

Geplanter Tafelanschrieb

Blindheit im übertragenen Sinn	Was ist »inneres Licht« für dein Leben?	Sehendsein im übertragenen Sinn
»Beer, was einen Menschen wirklich blind macht und lähmt, das sind Misstrauen, Angst und Auflehnung. Die machen alles dunkel ...	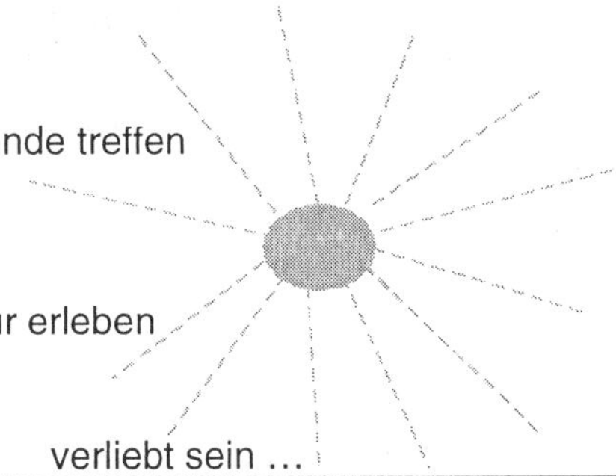 Freunde treffen Natur erleben verliebt sein ...	»... Aber mit ein bisschen Glauben, ein bisschen Mut und ein bisschen Lebensbejahung bleibt es hell!« (Der Student, S.58)

12. Stunde: Das Licht als Symbol in der Bibel

Stilleübung: »Im Tal des Lichts«

- Die Lehrerin/der Lehrer lässt von den Schülerinnen und Schüler die Worte des Studenten und Beispiele dafür vorlesen, was für sie ihr »inneres Licht« umfasst.
- Überleitung: Auch heute soll es um »das innere, geistige Licht« gehen. Dazu möchte ich zunächst eine Stilleübung machen. Sie heißt: »Im Tal des Lichts«.
- Die Lehrerin/der Lehrer gestaltet die Mitte des gemeinsamen Tischkreises mit einem Tischkarree, blauem Tischtuch, einer weiten offenen Tonschale, in der einige Kerzen auf Wasser schwimmen und dunkelt den Raum ab.
- Hinweis: Diese Übung ist freiwillig. Wer nicht mitmachen kann oder will, soll sich um der anderen willen bitte absolut ruhig verhalten und warten. Sie dauert nur wenige Minuten.
- Die Lehrerin/der Lehrer liest den vorbereiten Text vor (siehe **M 13**) und macht nach jedem Satz eine kurze Pause.
- Rückfragen: Seid ihr alle wieder »da«? Wie erging es euch während der Stilleübung?
- Anmerkung: Teile dessen, was ich euch vorgelesen habe, schrieb ein blinder Mann namens Lusseyran. Er war Professor der französischen Literatur in Paris.

Das Licht als Symbol in der Bibel

- In der Religion spricht man gerne vom inneren Auge, geistigen sehen, vom Licht im übertragenen, symbolischen Sinne. Auch in der Bibel finden sich viele Stellen, in denen dieses eindrückliche Symbol verwendet ist.
- Aufgabe in Stillarbeit: Auf diesem Arbeitsblatt findet ihr einige Versangaben aus den Psalmen und aus dem Johannesevangelium. Schlagt nun diese Verse in der Bibel nach und schreibt die wenigen Zeilen still für euch auf das Blatt **M 14**.
- Die Lehrerin/der Lehrer teilt **M 14** und die Bibeln aus.
- Schülerinnen und Schüler bearbeiten das Blatt. Beim Aufsuchen der Stellen dürfen sie einander helfen.
- Die Schülerinnen und Schüler lesen die Bibelverse laut vor (Erwartungshorizont siehe **M 15**).
- Fragen zur Deutung: Was ist »Licht«? (Gott, sein Wort, Jesus) Was verbindet ihr mit dem Wort »Licht«, wie es hier in der Bibel verwendet wird?

- Die Schülerinnen und Schüler äußern ihre Assoziationen und Deutungen.
- Gemeinsame Formulierung einer Zusammenfassung, die die Schülerinnen und Schüler in das Kästchen von **M 14** schreiben (→ siehe: Geplanter Tafelanschrieb).

Verwendete Materialien

- **M 13**: Text der Stilleübung, Dekoration: Tonschale mit Wasser und Schwimmkerzen, Tischtuch oder anderes, **M 14**: »Das Licht als Symbol in der Bibel« (Kopien auf sonnengelbes Papier), **M 15**: Erwartungshorizont, Bibeln.

Geplanter Tafelanschrieb

	<u>Das Licht als Symbol in der Bibel</u> Das Licht ist in der Bibel Symbol für Gott, sein Wort und Jesus. Dieses Licht befreit, nimmt Angst, gibt Geborgenheit, zeigt den Weg und gibt das Leben. Die sich an Gott wenden und ihm vertrauen, werden Kinder des Lichts.	

Lernkontrolle: Bewertete Hausarbeit (siehe **M 16**)

Materialien

M 1

Aufgabe:

⇒ Informiere dich selbständig mit Hilfe eines allgemeinen Lexikons über »deine Behinderungsart«.

⇒ Fülle die Tabelle unten aus. Auch deine eigenen Überlegungen sind hier gefragt!

Bezeichnung?

Ursachen?

Auswirkungen?

Ausgleichsmöglichkeiten?

Geplante Metaplanwand

M 2

Mögliche Oberbegriffe

Körperbehinderung

- Sinnesstörungen
- Beh. durch innere Organstörungen
- Andere sichtbare Körperbeh.

Geistesbehinderung

Verhaltensstörung

Mehrfachbehinderung

Beispiele

Sinnesstörungen	Beh. durch innere Organstörungen	Andere sichtbare Körperbeh.	Geistesbehinderung	Verhaltensstörung	Mehrfachbehinderung
Blindheit	Epilepsie	Kinderlähmung	Alzheimer	Autismus	Down-Syndrom
Sehschwäche	Herzstörungen	Spastik	niedriger IQ		
Rot-Grünblindheit	Nierenversagen	Contergansyndrom	Gehirnschädigung (z.B. durch Hirnhautentzündigung)		
Taubheit	Diabetes	Querschnittlähmung			
Störung des Tastsinnes	Hämophilie (Bluter)	Sprechbeh. (Stummheit, Stottern …)			
		Gehbeh. (Amputation, Rollstuhl)			

Overhead-Folie: »Mensch! Biste behindert oder was!?«

»Behindert« – was heißt das eigentlich?

Medizinische Definition

Eine Behinderung liegt dann vor, wenn ein Mensch
- durch eine Krankheit,
- ein angeborenes Leiden
- oder durch eine äußere Schädigung (Verletzung)

mit funktioneller Einschränkung körperlicher, geistiger oder seelischer Art
in seiner persönlichen, familiären, beruflichen und gesellschaftlichen Entfaltung beeinträchtigt ist.

Juristische Definition

Behinderung im Sinne dieses Gesetzes ist die Auswirkung einer
- nicht nur vorübergehenden Funktionsbeeinträchtigung, die auf einem
- regelwidrigen körperlichen, geistigen oder seelischen Zustand beruht.

Regelwidrig ist der Zustand, der von dem für das Lebensalter typischen abweicht.
Als nicht nur vorübergehend gilt ein Zeitraum von mehr als 6 Monaten. (...)

Die medizinische Definition stammt aus: *Die Rehabilitation Behinderter. Wegweiser für Ärzte*, hrsg. von der Bundesarbeitsgemeinschaft für Rehabilitation, Köln 1984, S. 13f., die juristische Definition ist dem »Schwerbehindertengesetz«, § 3 (1) entnommen aus: *Unser Recht. Die wichtigsten Gesetze für den Staatsbürger*, München [4]1995, S. 1017.

Kurzer inhaltlicher Überblick über das Jugendbuch: »Behalt das Leben lieb« von Jaap ter Haar M 5

Aufgabe:

Lest das Jugendbuch und notiert euch auf diesem Blatt kapitelweise einige Stichworte über die wichtigsten Ereignisse. Sie sollen euch helfen, euch später schnell wieder im Buch zurechtzufinden. Viel Spaß!

	Wichtige Ereignisse und Aussagen?
Kap. 1 (S. 5–19)	
Kap. 2 (S. 19–33)	
Kap. 3 (S. 34–50)	
Kap. 4 (S. 51–66)	

(Rückseite M 5)

	Wichtige Ereignisse und Aussagen?
Kap. 5 (S. 66–80)	
Kap. 6 (S. 80–91)	
Kap. 7 (S. 91–104)	
Kap. 8 (S. 104–119)	
Kap. 9 (S. 119–136)	
Kap. 10 (S. 136–143)	

Erwartungshorizont: Kurzer inhaltlicher Überblick über das Jugendbuch: »Behalt das Leben lieb« von J. TER HAAR — M 6

	Wichtige Ereignisse und Aussagen?
Kap. 1 (S. 5–19)	Nach einem Unfall kommt der 13-jährige Berend Ligthard, genannt Beer, ins Krankenhaus und schwebt zwischen Leben und Tod. Als er wieder aufwacht, wird ihm klar, dass er blind ist. Er macht sich viele Sorgen um seine Zukunft und um seine Eltern. Die ehrliche Schwester Wil bestätigt ihm, dass er blind ist. Seine Eltern stehen ihm gemeinsam bei.
Kap. 2 (S. 19–33)	An der hübschen, aber weniger feinfühligen Schw. Annie lernt er, dass die Augen oft von der Hauptsache ablenken. Beer ist verzweifelt und denkt, sein Leben sei verpfuscht. Schw. Wils »kleines Drama« ist ihr Narbengesicht. Sie ermahnt ihn, dafür zu sorgen, dass seine Blindheit auch ein kleines Drama bleibt. Beer bekommt neue Hoffnung und lernt, Hände und Ohren mehr einzusetzen. Er wird nach Saal 3 verlegt, in dem Gerrit ihm alle anderen Patienten vorstellt.
Kap. 3 (S. 34–50)	Beer lernt seine Mitpatienten näher kennen. Ein sterbenskranker Psychologiestudent, dessen Namen unbekannt ist, fordert ihn auf, weiter um seine Selbständigkeit zu kämpfen, sich gegen das Mitleid der Leute abzuhärten und sein Leben lieb zu behalten. Beer merkt, dass der Sinn seines Lebens die Menschen sind, die er liebt. Er versucht, allein zu gehen und zu essen. Einmal schiebt der blinde Beer den ›lahmen‹ Gerrit im Rollstuhl zu seiner Schw. Ria.
Kap. 4 (S. 51–66)	Beer nimmt Abschied vom Saal 3 und Schw. Wil. Niedergeschlagen wird er von seiner Familie nach Hause gefahren. In seinem Zimmer findet er ein neues Regal, eine Schreibmaschine und eine Blindenschreibmaschine vor als Beweis dafür, dass seine Eltern für ihn sorgen. Das gibt ihm Mut. Seine Freunde Bennie und Goof sind zum Essen da und reden wie immer nur über Fußball. Beer erwartet zuerst mehr Aufmerksamkeit und Mitgefühl, wird dann aber wieder mit ihnen vertraut. Ob er auf die alte Schule kann, ist noch unklar.
Kap. 5 (S. 66–80)	Beer beginnt, Maschinenschreiben und Brailleschrift zu lernen. Zum ersten Mal geht er alleine mit seinem weißen Stock spazieren und amüsiert sich im Park über einige Kindergartenkinder, die ihn dann nach Hause bringen. Sein Verband wird abgenommen, und er sieht nicht – wie befürchtet – ganz hässlich aus.
Kap. 6 (S. 80–91)	Worte und Stimmen gewinnen an Bedeutung. Seine alten Fußballfreunde schenken ihm ein Tandem. Auf dem Spielfeld kann er das Fußballspiel durch die Zurufe verfolgen. Der unscheinbare Klassenkamerad Tjeerd bietet ihm an, täglich den schulischen Stoff nachzulernen: Tjeerd schenkt Beer seine Freundschaft und Zeit, er hat sich »selbst gegeben«.
Kap. 7 (S. 91–104)	Beer lernt jeden Tag mit Tjeerd und seinen Eltern, um wieder in die alte Schule zurückzukommen, und macht dabei nur kleine Fortschritte. Die Kinder muntern ihn wieder auf. Auf dem Fußballplatz fühlt Beer sich überflüssig, »im Abseits«. Seine Welt, die der Bücher, Gespräche und Gedanken, wird von Tjeerd geteilt. Durch Zeitungenaustragen verdienen sie sich gemeinsam ein Tonbandgerät. Beers Menschenkenntnis, sein Gefühl für Stimmen, nimmt zu, sodass er mit dem Gedanken spielt, Psychologe zu werden.
Kap. 8 (S. 104–119)	Immer wieder ist Beer mutlos und misstrauisch. Eines Nachts belauscht er das Gespräch seiner Eltern. Der Schuldirektor hat abgesagt. Beer stellt die Ehrlichkeit seiner Mutter auf die Probe. Unerwartet erhält Beer einen Brief des Studenten, der inzwischen gestorben ist. In ihm ruft er ihn wieder auf, dem Leben voller Vertrauen zu begegnen und etwas aus ihm zu machen. Dabei liegt eine Uhr, die halbstündig schlägt und Beer die Zeit angeben kann.
Kap. 9 (S. 119–136)	Der Brief und die Uhr haben Beers Selbstmitleid ein Ende gemacht. Er wird selbstbewusster und kann humorvoll über seiner Blindheit stehen. Beers Eltern dagegen sind voller Sorgen. Sie fahren in die Blindenanstalt und sprechen mit dem Direktor, der ihnen die vielen Möglichkeiten der Schule aufzeigt.
Kap. 10 (S. 136–142)	Beer beginnt in der Blindenschule. Sein berufliches Ziel, Psychologe zu werden, reift immer mehr in ihm. Sein Neuanfang wird ihm erleichtert durch die fröhlichen, vertrauten Stimmen spielender Kinder und durch die Begegnung mit Tinka, einem sehgeschädigten Mädchen mit einer wundervollen Stimme …

Karten mit Aufgaben

M 7

<u>Aufgabe:</u>

1. Lest die Karte still für euch und findet heraus, wer dies gesagt oder gedacht hat.
2. Tauscht euch darüber aus, ob das Worte sind, die euch weiterhelfen würden.
3. Einigt euch, wer welche Karte nimmt.

<u>Aufgabe:</u>

1. Lest die Karte still für euch und findet heraus, wer dies gesagt oder gedacht hat.
2. Tauscht euch darüber aus, ob das Worte sind, die euch weiterhelfen würden.
3. Einigt euch, wer welche Karte nimmt.

<u>Aufgabe:</u>

1. Lest die Karte still für euch und findet heraus, wer dies gesagt oder gedacht hat.
2. Tauscht euch darüber aus, ob das Worte sind, die euch weiterhelfen würden.
3. Einigt euch, wer welche Karte nimmt.

<u>Aufgabe:</u>

1. Lest die Karte still für euch und findet heraus, wer dies gesagt oder gedacht hat.
2. Tauscht euch darüber aus, ob das Worte sind, die euch weiterhelfen würden.
3. Einigt euch, wer welche Karte nimmt.

<u>Aufgabe:</u>

1. Lest die Karte still für euch und findet heraus, wer dies gesagt oder gedacht hat.
2. Tauscht euch darüber aus, ob das Worte sind, die euch weiterhelfen würden.
3. Einigt euch, wer welche Karte nimmt.

<u>Aufgabe:</u>

1. Lest die Karte still für euch und findet heraus, wer dies gesagt oder gedacht hat.
2. Tauscht euch darüber aus, ob das Worte sind, die euch weiterhelfen würden.
3. Einigt euch, wer welche Karte nimmt.

<u>Aufgabe:</u>

1. Lest die Karte still für euch und findet heraus, wer dies gesagt oder gedacht hat.
2. Tauscht euch darüber aus, ob das Worte sind, die euch weiterhelfen würden.
3. Einigt euch, wer welche Karte nimmt.

<u>Aufgabe:</u>

1. Lest die Karte still für euch und findet heraus, wer dies gesagt oder gedacht hat.
2. Tauscht euch darüber aus, ob das Worte sind, die euch weiterhelfen würden.
3. Einigt euch, wer welche Karte nimmt.

Karten mit Zitaten aus dem Jugendbuch

»War nicht jeder von anderen Menschen abhängig?« (S. 13)
(Beer)

»Frag nie nach dem Warum, Berend. Da kriegst du dein Leben lang keine Antwort ... Dinge geschehen eben, Berend. Das lernt man in einem Garten. Und dadurch, dass du tüchtig drin arbeitest, verhinderst du, dass alles verkommt.« (S.29)
(der Gärtner)

»Wir haben etwas zu tragen bekommen, alle miteinander. Es bleibt nichts anderes übrig, als tüchtig zuzupacken.« (S. 16)
(Beers Vater)

»Es ist gut zu wissen, dass das Leben – wenn man auch blind war – normal weiterging.« (S. 15)
(Beer)

»Jeder von uns steht immer wieder vor einem neuen Anfang.« (S.26)
(Schwester Wil)

»Was auch geschieht, immer bleiben noch Dinge, für die man dankbar sein kann. Ganz bestimmt. Mit ein bisschen Dankbarkeit lebt man viel besser als traurig und unzufrieden.« (S. 27)
(Schwester Wil)

»Kämpf weiter um deine Selbständigkeit, Beer.« (S. 39)
(der Student)

»... auch die Blindheit [kann] ein guter Kamerad werden. Ich möchte so gern, dass du das Leben liebbehältst, wenn es auch manchmal enttäuscht.« (S. 41)
(der Student)

»Beer, trotz deiner Blindheit gehörst du noch immer zur bevorrechteten Jugend. Denn die Hälfte deiner Alterskameraden in vielen Teilen der Welt ist noch viel schlechter dran als du.« (S. 119)
(der Student)

»Mach was draus!« (S. 121)
(der Student)

»Was gab dem Leben dann eigentlich so viel Sinn? Dass man Vater und Mutter liebte, obwohl sie einander kaum mochten? Und Annemiek? Und Goof und Ben? Ja, *das* war es. Unentbehrlich im Leben waren die Menschen, die man liebte. (S. 43)
(Beer)

»Wenn man das traurigste Kind der Welt ist, braucht man mit niemandem Mitleid zu haben!« (S. 13)
(Beer)

»Die Wahrheit war besser zu ertragen als Ungewissheit und falsche Hoffnung.« (S. 14)
(Beer)

»... [er erkannte], dass noch lange nicht alles verloren war. Ein anderes Leben stand vor der Tür.« (S. 28)
(Beer)

»Es ist bloß ein kleines Drama, wie es unter den Menschen Millionen gibt. Sorg dafür, Beer, dass deine Blindheit ein kleines Drama bleibt, sonst hast du kein Leben.« (S. 27)
(Schwester Wil)

»Menschen sind da, um einander zu helfen.« (S. 69)
(Beer)

»Du musst dich gegen das Mitleid der Leute abhärten. ... Zeig jedem, dass du kein Mitleid willst. Lass vor allem kein Wrack aus dir machen.« (S. 39)
(der Student)

»Jeder Mensch hatte wohl seine Last zu tragen. War es da nicht kurzsichtig, sich nur mit den eigenen Problemen zu beschäftigen?« (S. 119)
(Beer)

Beers Freunde

Aufgabe:

Lest die angegebenen Seiten und beantwortet die folgenden Fragen in wenigen Sätzen:

- **Wie verhalten sich die jeweiligen Freunde gegenüber Beer?**
- **Wie wirkt das auf Beer zurück?**
- **Wie würdet ihr diese Freundschaft beurteilen?**

Beers Fußballfreunde

a) S. 85–S. 87

b) ab S. 98–S. 99

Tjeerd

a) ab S. 87–S. 91

b) S. 101

Erwartungshorizont für das Arbeitsblatt: »Beers Freunde« M 10

Beers Fußballfreunde

a.) Beers Fußballfreunde schenken ihm ein Tandem und versichern, dass er für den vorderen Sattel immer auf einen von ihnen zurückgreifen kann. Beer fühlt sich geborgen und von ihnen angenommen.

b.) Es war dann doch nicht so leicht, jemanden für den Vordersitz des Tandems zu finden. In der Umziehkabine und auf dem Fußballfeld fühlt sich Beer ausgegrenzt und überflüssig (im »Abseits«). An Kino, Sportveranstaltungen und am Fußballspielen kann er als Blinder nicht in gleicher Weise teilhaben wie seine sehenden Freunde. Ihnen fehlt es an *gemeinsamen* Aktivitäten und Interessen. Sie entfernen sich folglich voneinander.

Tjeerd

a.) Tjeerd bietet ihm seine Hilfe in der Schule an, damit er wieder in ihre alte Klasse kommen kann. Er schenkt ihm Zeit und seine Freundschaft. Beer nimmt sie dankbar an.

b.) Tjeerd und Beer teilen die Welt der Bücher und Gespräche, der Gedanken und der Musik. Tjeerd ist ein geduldiger Nachhilfelehrer. Durch Zeitungsaustragen verdienen sie gemeinsam ein Tonbandgerät für Beer, um Zeit zu gewinnen. Sie werden gute Freunde. Tjeerd braucht Beer genauso wie er ihn.

Leseübung der Brailleschrift

(Zitat aus Antoine de Saint-Exupérys »Der kleine Prinz«, Düsseldorf 1982, S.52)

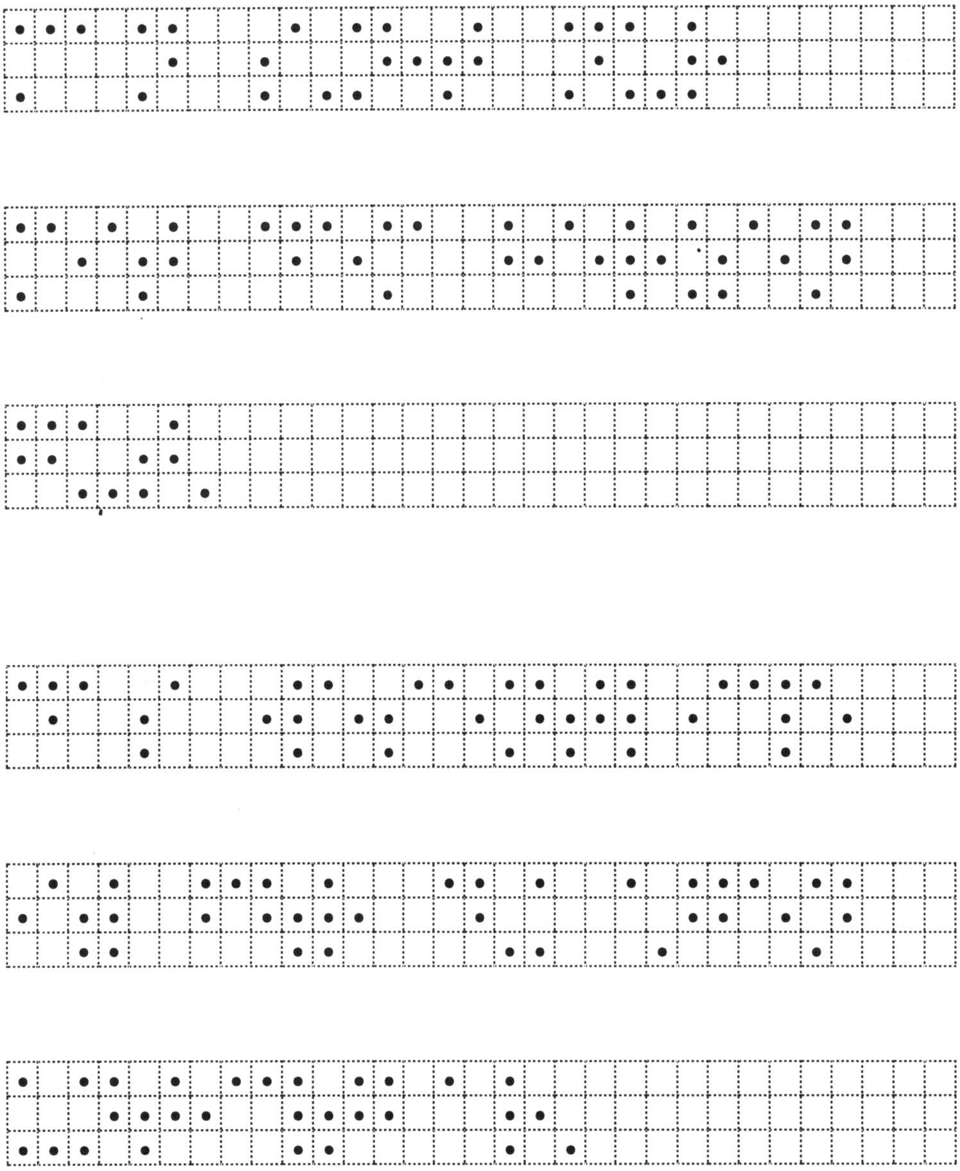

Meditativer Tanz: »Geben und Nehmen« **M 12**

(Idee ursprünglich von Ursula Schuler)*

Musik: »To the Holy Land« (2'13) von dem Klarinettisten Giora ***Feidman*** u.a. (CD: The Singing Clarinet, Nr. 88582, im Verlag »pläne« GmbH, Dortmund, 1987 herausgegeben)

X	*Takt (4/4)*	*Musikmotiv*	*Formation*	*Schritte, Haltung*
	1–8	A (am Ende Aufwärts-bewegung)	Eingangsposition: Kreis 	* alle fassen sich an den Händen und warten,
I.	9–12	A“ (am Ende Abwärts-bewegung)	Kreis 	* mit dem rechten Fuß beginnen, 2 Schritte im Kreis gegen den Uhrzeigersinn gehen, Oberkörper zeigt in Tanzrichtung (rechts), beim zweiten Schritt sich auf dem Ballen des linken Fußes um 180 ° drehen, * in die gleiche Richtung, also gegen den Uhrzeigersinn, 2 Schritte weitergehen, dabei wieder mit dem rechten Fuß beginnen, aber mit dem Rücken zur Tanzrichtung,
	13–16			* durch einen rechten Seitschritt den Oberkörper zur Kreismitte hin wenden, Schritt nach links, Schritt nach rechts (= Wiegeschritt, d.h. der Fuß wird abwechselnd belastet: re-li-re), dann linken Fuß an den rechten heranziehen, Beine schließen,
	17–20	B (beschwingt)	Mitte 	* Hände der anderen loslassen und »gebend« nach vorne strecken und öffnen, mit rechtem Fuß beginnen, drei Schritte in die Kreismitte gehen, dann linken Fuß an den rechten heranziehen, Beine schließen,
	21–24		 	* Hände »nehmend« schließen und zu sich an den Oberkörper heranziehen, mit dem rechten Fuß beginnen, drei Schritte aus der Kreismitte rückwärts gehen, linken Fuß an den rechten heranziehen, Beine schließen, alle fassen sich wieder an den Händen,
II.	25–28	A" (am Ende Abwärts-bewegung)	Kreis	* 2 Schritte im Kreis vorwärts nach rechts gehen, sich drehen, * im Kreis 2 Schritte rückwärts gehen,
	29–32			* zur Kreismitte sich öffnen, Wiegeschritt, Füße schließen, Hände der anderen loslassen,
	33–36	A	Mitte	* eigene Hände gebend nach vorne strecken, drei Schritte vorwärts in die Kreismitte gehen, Füße schließen,
	37–40			* Hände empfangend zu sich heranziehen, drei Schritte rückwärts aus der Kreismitte gehen, Hände der anderen fassen ...
III.	41–44	A"	Kreis	
	45–48			siehe oben
	49–52	A	Mitte	
	53–56			
IV.	57–60	A"	Kreis	
	61–64			siehe oben
	65–68	B	Mitte	
	69–72			
V.	73–76	A"	Kreis	
	77–80			
	81–84	A" (ausklingend)	Mitte	* eigene Hände gebend nach vorne strecken, drei Schritte vorwärts in die Kreismitte gehen, Füße schließen,
	85–88		Abschluss	* Hände empfangend zu sich heranziehen, drei Schritte rückwärts aus der Kreismitte gehen, Hände der anderen fassen, kurz so stehenbleiben.

* Aus dem Gedächtnis nach einer Veranstaltung des Fachseminars für Evangelische und Katholische Religionslehre im Januar 1996 rekonstruiert.

Stilleübung: Im Tal des Lichts

Variation von Ingrid Helds »Im Garten der Stille«*,
verbunden mit Impressionen von Jacques Lusseryan
(Dekoration: offene Tonschale mit Wasser und
Schwimmkerzen, Tischtuch)

[Einführung]

Ich setze mich bequem auf den vorderen Teil meines Stuhles. Meine Beine sind ruhig. Ich spüre mit meinen Füßen den Boden. Langsam, ganz langsam verwurzelt sich zuerst der rechte – dann der linke Fuß mit dem Boden. Meine Beine werden schwer. Meine Arme liegen locker im Schoß oder auf dem Tisch und ruhen sich aus. Meine Hände sind zur Schale geformt, die alles aufnimmt, was mich erwartet. Mein Oberkörper und mein Kopf sind ganz entspannt. Meine Stirn ist locker und gelöst. Mein Mund ist leicht geöffnet. Ich bin ganz still. Wenn ich kann, schließe ich die Augen. Jetzt folge ich dem Weg meines Atems. Ich werde dabei ganz ruhig. Mein Atem geht gleichmäßig.

[Im Tal des Lichts]

Ich mache mich auf den Weg zum Tal des Lichts und verlasse das Schulgebäude. Zuerst laufe ich entlang der lauten, grauen Straße. Dann biege ich in einen Weg ein, der mich von den Häusern wegführt. Der Lärm und Nebel bleibt zurück. Das Tal des Lichts kommt immer näher. Meine Schritte werden ruhiger. Mein Atem wird gleichmäßig. Ich gehe in das Tal des Lichts hinein und bleibe stehen. Wie schön und warm das Tal vom Licht durchströmt wird. Jetzt erst suche ich mir einen gemütlichen Platz. Ich bade im Licht. Ich kann es fühlen, wie es heraufkommt, sich ausbreitet, auf den Dingen ruht, ihnen Form und Farben verleiht. Es ist ein beständiges, intensives Licht. Viele Dinge kann ich erst jetzt bewusst sehen. Ich sehe eine Welt, die ganz in Licht getaucht ist, die durch das Licht und vom Licht her lebt. Die Farben sind wie ein Spiel, während das Licht der Grund des Lebens ist. Ich genieße das wohltuende, warme Licht, das mich umgibt. Hier will ich bleiben und mich ausruhen. Ich bin entspannt und mein Atem geht ganz ruhig.

[Rückführung]

Langsam wird es Zeit für den Rückweg. Ich sehe mich noch einmal im Tal des Lichts um. Mein Weg führt mich zurück. Ich bin ausgeruht. In mir bleibt das wohltuende Licht. Es begleitet mich durch den Tag und schenkt mir Ruhe, Vertrauen und gute Gedanken. Meine Beine lösen sich vom Boden. Ich bewege meine Hände und strecke die Arme und Beine weit aus. Ich öffne die Augen und atme tief ein und aus.

---

* Nach: Ingrid Held, *Im Garten der Stille,* kennen gelernt an einem gemeinsamen Nachmittag im Februar 1996, Veranstaltung des Fachseminars für Evangelische und Katholische Religion; siehe Jacques Lusseyran, *Das wiedergefundene Licht*, München [7]1995, insbes. Kapitel »Licht im Dunkel«, S. 17ff.

Das Licht als Symbol in der Bibel M 14

Aus dem Alten Testament:

Psalm 27,1: Ein Mensch betet und singt: » ....

....

....

Psalm 119,105: Ein Mensch betet und singt: » ....

....

....

Aus dem Neuen Testament:

Joh. 8,12: Jesus sagt: » ....

....

....

Joh. 12,36: Jesus sagt: » ....

....

....

Joh. 12,45–46: Jesus sagt: » ....

....

....

Erwartungshorizont zum Arbeitsblatt »Das Licht als Symbol in der Bibel« M 15

Aus dem Alten Testament:

Psalm 27,1: Ein Mensch betet und singt: »Der Herr ist mein Licht, er befreit mich und hilft mir, darum habe ich keine Angst. Bei ihm bin ich sicher wie in einer Burg, darum zittere ich vor niemand.«

Psalm 119,105: Ein Mensch betet und singt: »Dein Wort ist eine Leuchte für mein Leben, es gibt mir Licht für jeden nächsten Schritt.«

Aus dem Neuen Testament:

Joh. 8,12: Jesus sagt: »Ich bin das Licht der Welt. Wer mir nachfolgt, hat das Licht, das zum Leben führt, und wird nicht mehr im Dunkeln tappen.«

Joh. 12,36: Jesus sagt: »Haltet euch an das Licht, solange ihr es habt. Dann werdet ihr Menschen, die im Licht leben.«

Joh. 12,46: Jesus sagt: »Ich bin als Licht in die Welt gekommen, damit jeder, der mir vertraut, nicht im Dunkeln bleibt.«

Das Licht ist in der Bibel Symbol für Gott, sein Wort und Jesus.
Dieses Licht befreit, nimmt die Angst, gibt Geborgenheit, zeigt den Weg und gibt das Leben.
Die sich an Gott wenden und ihm vertrauen, werden Kinder des Lichts.

* Zitiert nach der *Bibel in heutigem Deutsch. Die Gute Nachricht des Alten und Neuen Testaments* der Deutschen Bibelgesellschaft Stuttgart, ^{2}1982.

Bewertete Hausarbeit

Wähle und beantworte eine der folgenden Aufgaben schriftlich:

1.) Schreibe einen ausführlichen **Brief** an deine Freundin / deinen Freund **über unser im Religionsunterricht behandeltes Thema »Behindert?«.** Gehe darin auf folgende Fragen ein:

a.) Welche Einsichten über »Behinderte« hattest du im Allgemeinen?
b.) Welche Erkenntnisse und Eindrücke hattest du im Zusammenhang mit Beer und J.?
c.) Welche Schlüsse ziehst du nun daraus in deinem Umgang mit behinderten Menschen?

ODER

2.) Schreibe eine **Buchbesprechung für eine Zeitschrift über das Jugendbuch »Behalt das Leben lieb« von J. ter Haar.** Berücksichtige folgende Aspekte:

a.) In welcher Situation steht Beer am Anfang des Buches? Was beschäftigt Beer nach seinem Unfall? Welche Ängste und Probleme belasten ihn?
b.) Wer hat Beer geholfen, mit seiner Blindheit zurechtzukommen? Wodurch? Welche Ratschläge brachten ihn weiter?
c.) Wie hat dir das Buch gefallen? Welche (neuen) Einblicke hat es dir verschafft? Würdest du es weiterempfehlen? Warum? (Warum nicht?)

ODER

3.) Schreibe einen **Zeitungsartikel über das Thema: »Integration eines behinderten Menschen in eine Allgemeinschule«.** Gehe in ihm auf folgende Punkte ein:

a.) Was heißt Integration? Wann ist eine Integration sinnvoll? Warum ist die Integration erstrebenswert?
b.) Welche Überlegungen spielen wohl bei der Integration eines behinderten Menschen in einer Allgemeinschule eine Rolle? Welche Probleme können auftreten? Welche Voraussetzungen müssen gegeben sein?
c.) Kannst du dir vorstellen, einen Mitschüler bzw. eine Mitschülerin mit einer Behinderung in deiner Klasse zu haben? Wärst du bereit, ihm bzw. ihr zu helfen? Wofür würdest du dich dann gerne einsetzen?

☞ Lies die von dir gewählte Aufgabe nochmals genau durch und gehe auf alle darin aufgeführten Fragen ein.

Schreibe sauber! Nicht Lesbares wird nicht gewertet!

Die Arbeit sollte (mindestens) eine Länge von 2 Seiten haben.

Lies deine Arbeit am Ende ein zweites Mal durch.

Ist alles richtig geschrieben?
Kann jemand, der das Thema bzw. das Buch nicht kennt, die Arbeit verstehen?

Abgabetermin: ....

Bis dahin, viel Spaß und gute Gedanken wünscht dir

Anhang

An meiner neuen Schule habe ich nicht mehr die besonderen Bedingungen, wie sie zur Zeit der Prüfungsarbeit vorlagen. Anstelle der **9. Stunde** der Prüfungsarbeit lässt sich ganz leicht eine **Freiarbeitsstunde** mit selbst hergestellten bzw. bestellten Materialien einfügen.

Plenumsphase

Eine Schrift aus sechs Punkten:

- Die *Plenumsphase* kann in der vorangehenden Stunde erfolgen, damit die Schülerinnen und Schüler in der *Freiarbeitsphase* für die 7 Stationen genügend Zeit haben.
- Die Lehrerin bzw. der Lehrer malt ein Wort in Brailleschrift an die Tafel (aus **M 11** erstes Wort »man«) oder hält ein Schriftbeispiel des Blindenverbandes hoch. Die Schülerinnen und Schüler äußern ihre Vermutungen darüber, wie diese Schrift lesbar sein könnte (ein Buchstabe besteht aus einer bestimmten Anordnung der Punkte).
- Anschließend erzählt die Lehrerin bzw. der Lehrer aus dem Leben des Erfinders der Punkteschrift: Louis Braille. Mit Hilfe der Sechs eines großen Würfels erklärt die Lehrerin bzw. der Lehrer das Prinzip der Brailleschrift: das Sechs-Punkte-Muster. (Alternativ: als Arbeitsblatt lesen lassen.)

Wir lesen die Blindenschrift:

- Gemeinsam wird die erste Zeile der Braille-Leseübung (**M 11**) gelesen. Dann folgt eine Still- oder Partnerarbeitsphase mit anschließender Auswertung der beiden Sätze aus Antoine de Saint-Exupérys »Der kleine Prinz«: »man sieht nur mit dem herzen gut. Das wesentliche ist für die augen unsichtbar.« Auf Probleme der Groß- und Kleinschreibung und der Buchstabenfindung (Anfang und Ende eines Buchstabens) kann an dieser Stelle eingegangen werden. – Der zweite Satz kann auch als Hausaufgabe gelöst werden, um Zeit für die Freiarbeit zu gewinnen.

Material:

- Großer Würfel zur Erklärung des Prinzips der Schrift, Blindenschrift-Alphabet, **M 11** (Quelle siehe dort), Informationen zur Brailleschrift: »Blinde Menschen. Blinde Kinder. Unterrichtseinheit für Grundschulen. Schülerheft«, hrsg. vom Deutschen Blindenverband e.V., Bismarckallee 30, 53173 Bonn.

Aus dem Leben des Erfinders der Punkte-Schrift: *Louis Braille*

Louis Braille wurde 1809 geboren und wuchs in einem kleinen Dorf in Frankreich auf. Mit drei Jahren spielte er in der Sattler-Werkstatt seines Vaters und verletzte sich dabei mit einem kleinen, spitzen Messer an den Augen. Louis wurde blind. Als die Eltern hörten, dass in Paris eine Blindenschule eingerichtet worden war, brachten sie ihren Sohn dorthin. Louis Braille war ein guter Schüler und ein guter Klavier- und Orgelspieler. Nach seiner Schulausbildung wurde er Lehrer an der Blindenschule. Damals mussten die Blinden die Schrift der Sehenden lernen, konnten sie aber nicht selbst lesen. Mit 10 Jahren lernte er die »Nachtschrift« für Soldaten, die der Nachrichtenoffizier Barbier entwickelt hatte, im Institut für junge Blinde in Paris kennen. Diese bestand aus 10 bis 12 Punkten und war schwer zu ertasten. Louis Braille bekam dadurch die entscheidende Idee. Er probierte so lange, bis er die richtige Form gefunden hatte. 1825 erfand der 16-Jährige das verblüffend einfache Sechs-Punkte-Alphabet, das heute noch in der ganzen Welt fast unverändert benutzt wird.

Das Prinzip der Brailleschrift: das Sechs-Punkte-Muster

Jedes Zeichen der Brailleschrift hat eine bestimmte Anordnung innerhalb von sechs möglichen Feldern, deren Lage mit der Sechs eines Spielwürfels vergleichbar ist. Auf der Blindenschreibmaschine stanzt die Taste eins den Punkt oben links, Taste zwei den Punkt in der Mitte links, Taste drei unten links, Taste vier oben rechts etc. Die sechs Tasten können in allem möglichen Kombinationen zusammen gedruckt werden. So entstehen die 63 verschiedenen Braillezeichen: Buchstaben, Zahlen, Satzzeichen, mathematische und chemische Zeichen. Beim Schreiben auf einer speziellen Schreibtafel oder Folie muss spiegelbildlich von rechts nach links geschrieben werden

(Unter Verwendung von: »Blinde Menschen. Blinde Kinder. Unterrichtseinheit für Grundschulen. Schülerheft«, S.24 , hrsg. vom Deutschen Blindenverband e.V., Bismarckallee 30, 53173 Bonn.)

Freiarbeitsphase

Vorgehensweise:

- Jede Station nimmt einen Tisch – wenn möglich eine Tischreihe – im Klassenzimmer ein. Darauf werden die Materialien mit ihrer jeweiligen Arbeitskarte ausgelegt.
- Die Schülerinnen und Schüler müssen sich selbst so organisieren, dass die Stationen nicht »überfüllt« sind und auch andere wie sie selbst alle erwünschten Stationen durchführen können (siehe Anzahl der Personen und Zeitangabe auf den Karten.)
- Je Station werden ein bis zwei Verantwortliche benannt, die zum Schluss dafür sorgen müssen, dass alle auf der Arbeitskarte aufgelisteten Materialien vorhanden sind und wieder in den Freiarbeitskarton hineingetan werden.

Material:

- In den folgenden, auf Din-A4-Karton vergrößerbaren Arbeitskarten finden Sie beispielhaft Anweisungen und Materialgrundlagen beschrieben.
- Weitere Stationen können beliebig eingefügt werden: z.B. ein Riechmemory, eine Kassette mit Walkman, auf die Geräusche, Erzähltexte, eine Weg- und Erfahrungsbeschreibung »Als Blinde bzw. Blinder in unserer Stadt unterwegs« aufgenommen sind etc. Zusätzliche Anregungen finden Sie auch bei Eleonore von Dincklage und Elisabeth Herwerth in ihren Freiarbeitsmaterialien (z.B. »Die Schöpfung, Gottes Geschenk an uns. Eine Lernstraße in fünf Lernzonen. 3. –6. Schuljahr«).
- Weiteres zur Theorie der Freiarbeit können Sie in Horst Klaus Bergs Taschenbuch »Freiarbeit im Religionsunterricht« lesen.

Auswertungsphase

Feedback

- Die Auswertungsphase kann zu Beginn der kommenden Unterrichtsstunde erfolgen. In ihr können sich dann die Schülerinnen und Schüler frei zu den Eindrücken der Freiarbeitsstunde äußern und Kritik anmerken.

Was kann ich beim Umgang mit blinden Menschen beachten?

- Auf dem Hintergrund der Erfahrungen als »Blinde« können sie nun konkreter überlegen, was beim Umgang mit blinden Menschen zu beachten ist (zum Beispiel: beim Ansprechen eines blinden Menschen immer den eigenen Namen sagen; auf der Straße vor herabhängenden Ästen oder tief angebrachten Schildern warnen; beim Führen über die Straße nicht den Arm packen, sondern den eigenen, weit nach hinten gebeugten Oberarm anbieten; die Örtlichkeiten und Gehrichtung genau beschreiben etc.).

Wie lernen blinde Menschen?

- Sicherlich ist es für alle interessant, zu erfahren, wie blinde Menschen lernen: mit Kassetten und CDs aus den Hörbibliotheken (v.a. in der Blindenstudienanstalt Marburg), mit Relief-Landschaften, Relief-Bilderbüchern, Häuser- und anderen Gebäudemodellen (vorbildhaft: ein Kirchenmodell aus Holz in der Kathedrale von Winchester, England), mit Ton in Kunstunterricht, mit weichen Plastikfolien mit und ohne quadratisch angeordneten Punkteraster für den Mathematikunterricht und nicht zuletzt mit Hilfe des Computers, der in lateinischer Schrift gedruckte Texte einscannen, lesen, durch ein Spezialgerät vertonen oder in Punkteschrift ausdrucken kann. Als Sportarten sind Laufen (mit einem sehenden Mitläufer, der z.B. akkustische Signale gibt), Judo, Ballspielen (mit einem Klingelball), Tandemfahren und Rudern bei blinden Menschen beliebt. Für das Musizieren gibt es ein spezielles Punktesystem für Noten.

Wo gehen sie in Deutschland zur Schule?

- Welche Konsequenzen der Besuch einer Sonderschule mit sich zieht, können sie konkret überlegen, wenn sie erfahren, dass es in Baden-Württemberg nur drei Schulen für Blinden- bzw. Sehbehinderte und in Deutschland nur ein einziges Gymnasium für blinde Kinder in Marburg gibt.

Was können sie werden?

- Welche Berufe blinden Menschen später offenstehen, ist gewiss nachdenkenswert (als Telefonist, Schreibkraft, Korbmacher, Bürstenmacher, Masseur, Radiomoderator, als Programmierer …).

Station 1

Aufgabe:	1.) Schreibt in Spiegelschrift euren Namen auf die Kartenstreifen, indem ihr ganz leicht mit der Nadel auf den Karton tippt. Könnt ihr nun die Buchstaben erfühlen? 2.) Klebt dann den Streifen mit der gewölbten Seite nach oben in euer Heft.
Material:	6 dicke Papierservietten als Unterlage, 6 Sticknadeln, Kartonstreifen, 1 Probekarton zum Üben, Braille-Alphabete.
Personen:	6 Schülerinnen und Schüler.
Zeit:	etwa 5 Minuten.

✂- -

Station 2

Aufgabe:	Versucht mit Hilfe der Braille-Alphabete die Punkteschriftbeispiele zu entziffern. Schreibt die lateinischen Buchstaben jeweils unter die Braille-Buchstaben.
Material:	Kleine Punkteschrifttexte (weißer Kartonstreifen, gestanzt von einem Mitarbeiter des Blindenverbands).
Personen:	6 Schülerinnen bzw. Schüler.
Zeit:	etwa 5 Minuten.

Station 3

Aufgabe:

1.) Versucht nacheinander durch Schütteln und Rütteln die zusammengehörigen Paare herauszu*hören*.
2.) Wähle zuerst ein Döschen und prüft dazu jeweils drei weitere.
3.) Wenn du meinst, dass zwei Gleiche unter diesen vieren sind, dann darfst du die beiden Döschen öffnen. Stimmt deine Vermutung, darfst du diese zwei Döschen auf deine Seite bringen.
4.) Dann kommt die bzw. der Nächste dran.
5.) Gewonnen hat, wer die meisten Döschen erhört hat.

Material: Hörmemory – In den schwarzen Filmdöschen befinden sich paarweise: Büroklammern, Reis, Nudeln, Wachsreste, Rosinen, Senfkörner, Streichhölzer, Spielfiguren, Würfel, 5-Pfennig-Stücke, Kastanien.

Personen: 4 Schülerinnen bzw. Schüler.

Zeit: etwa 10 Minuten.

✂- -

Station 4

Aufgabe:

1.) Eine bzw. einer geht als blinder Mensch, die bzw. der andere begleitet sie bzw. ihn.
2.) Beachtet: der Stock ist die Verlängerung des Zeigefingers; tastet mit ihm den Raum vor euren Füßen durch gleichmäßiges Hin- und Herbewegen des Stockes ab. Der Zwischenraum dieser Zick-Zack-Bewegung entspricht etwa der Breite eures Körpers.
3.) Geht zu zweit an der Wand entlang, umgeht Tafel, Tische und Stühle. Geht kurz auf den Gang, die Halbtreppe hinunter und wieder hinauf. *Wichtig!! Geht sehr sorgsam mit dem Stock um, da er leicht brechen kann!! Auf keinen Fall damit schlagen!!*
4.) Dann wechseln!

Material: (Mindestens je) einen 1m langen dünnen Holzstock (aus dem Baumarkt) und ein Augentuch.

Personen: 2 Schülerinnen bzw. Schüler.

Zeit: 5 Minuten (*nicht länger*, da andere auch noch wollen!!)

Station 5

Aufgabe:

1.) Formt mit verbundenen Augen einen Gegenstand. Knetet dabei nur in den Händen, auf keinen Fall auf dem Tisch!
2.) Die bzw. der andere soll ihn erraten.
3.) Nach zwei Minuten wechselt dann. *Wichtig! Hinterher Hände waschen!*

Material: Augentuch, Modelliermasse.
Personen: 2 Schülerinnen bzw. Schüler.
Zeit: etwa 5 Minuten.

✂- -

Station 6

Aufgabe:

1.) Verbindet eure Augen, bevor ihr das Spielbrett öffnet. Legt fest, wer welche Spielfigur nimmt.
2.) Die Spielrichtung zeigt ein quadratisches Plättchen, auf dem ein Dreieck aufgeritzt ist. Geht in die Pfeilrichtung.
3.) Würfelt mit dem großen Würfel und dem Würfelbecher und ertastet nach der Anzahl der Würfelaugen die Anzahl der runden Plättchen auf dem Spielfeld.
4.) Wer als erstes das Ziel – ein quadratisches Plättchen am Ende der Schlange – erreicht hat, hat gewonnen.

Material: 4 Augenbinden, 1 Spielbrett mit in einer Schlange aufgeklebten Kartonkreisen (Weg) und -quadraten (Anfang und Ziel) zum Ertasten der Felder, 1 großer Würfel mit fühlbaren Augenpunkten, 4 verschieden geformte Spielfiguren, 1 Würfelbecher.
Personen: 4 Schülerinnen bzw. Schüler.
Zeit: etwa 10 Minuten.

Station 7

Aufgabe:

1.) Eine bzw. einer verbindet sich die Augen und streckt ihre bzw. seine Hand durch das Gummi in den Beutel. Sie bzw. er ertastet vorsichtig jeweils einen Gegenstand.
2.) Sie bzw. er gibt ihn heraus und sagt seinen Namen.
3.) Die bzw. der Zweite übernimmt den Gegenstand und legt ihn sorgsam in den Korb.
4.) Zählt die »Treffer« und vergleicht sie anschließend.

Material: 1 Augentuch, Tastgegenstände im Sack (Zitrone, Apfel, Ei, Tomate, Kastanie, Zwiebel, Kartoffel, Garnknäuel, Clementine, Luftballon, Tannenzapfen, Lederrest, Teelicht, Kiwi etc.), Korb.

Personen: 2 Schülerinnen bzw. Schüler.

Zeit: etwa 10 Minuten.

Die Autorinnen und Autoren

Heike Bertsch-Nödinger, geb. 1966, unterrichtet am Gymnasium Plochingen die Fächer Evangelische Religion und Englisch.

Katrin Heckeler, geb. 1963, unterrichtet am Friedrich-Schiller-Gymnasium in Pfullingen die Fächer Evangelische Religion und Englisch.

Jutta Maurer, geb. 1964, unterrichtet am Schloßgymnasium in Kirchheim unter Teck die Fächer Evangelische Religion und Deutsch.

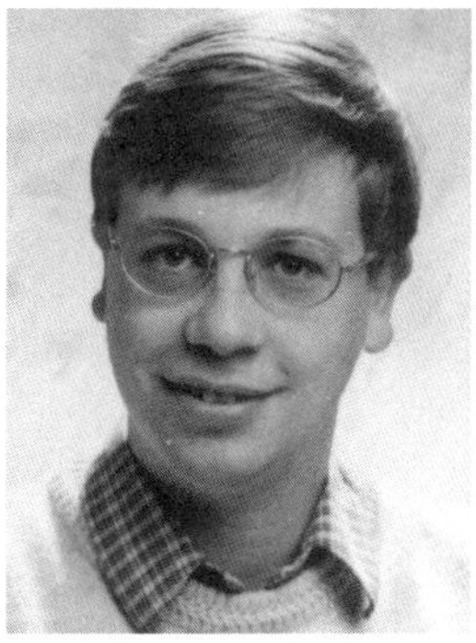

Stefan Meißner, geb. 1963, unterrichtet am Katholischen Freien Gymnasium St. Meinrad in Rottenburg die Fächer Katholische Religion und Deutsch; er hat zusätzlich zu seinem Referendariat das Montessori-Diplom erworben und eine religionspädagogische Dissertation zur Geschichte und Legitimation kirchlicher Privatschulen abgeschlossen.

Gabriela Papenberg, geb. 1968, unterrichtet am Otto-Hahn-Gymnasium in Ludwigsburg die Fächer Evangelische Religion und Deutsch.

Markus Weiss, geb. 1968, unterrichtet am Ellentalgymnasium in Bietigheim-Bissingen die Fächer Katholische Religion und Deutsch.